# BESINNT EUCH AUF EURE KRAFT ...

GERHARD ZEILER **LEIDENSCHAFTLICH ROT**

GERHARD
ZEILER

# LEIDEN-
# SCHAFTLICH
# ROT

## DARUM
## MEHR SOZIAL-
## DEMOKRATIE

Redaktionelle Mitarbeit
von Peter Pelinka

Brandstätter

# INHALT

VORWORT ........ 6

**1. WAS NUN, SPÖ? GEDANKEN ZU EINER NEUEN SPÖ** ........ 10

**2. UNSERE WELT IN DER KRISE** ........ 20

**3. EINE SOZIALDEMOKRATISCHE BIOGRAFIE** ........ 40

**4. MEDIEN ALS PROFESSION** ........ 64

**5. GLOBALE VERÄNDERUNGEN UND DER „DRITTE WEG“** ........ 78

**6. ERNEUERUNGSMODELLE FÜR DIE VISION SOZIALDEMOKRATIE** ........ 108

**7. SOZIALDEMOKRATIE UND MIGRATION: ZEHN THESEN** ........ 122

**8. EIN SOZIALDEMOKRATISCHES EUROPA** ........ 132

**9. DAS POLITISCHE PROGRAMM EINER NEUEN SPÖ** ........ 142

NACHWORT
von Peter Pelinka ........ 166

# VORWORT

**ALS ICH** in meinem Familien- und Freundeskreis Ende vergangenen Jahres erstmals erzählte, ein Buch über die Sozialdemokratie im Allgemeinen und die SPÖ im Konkreten schreiben zu wollen, erlebte ich zwei Arten von Reaktionen. Die einen fragten mich, ob ich denn nichts anderes mit meiner – ohnehin kärglichen – Freizeit anzufangen wüsste. Auch wenn diese Bedenken meist höflich verpackt waren, klangen sie sehr stark nach: „Geht's dir noch gut? Du hast doch einen Job mit durchschnittlich 70 bis 80 Wochenstunden, bist wahrlich nicht oft zu Hause und bürdest dir dann noch die Aufgabe auf, ein Buch über die SPÖ zu schreiben?" Die anderen Reaktionen, meist von meinen politischen Freunden, umkreisten die Frage, was ich denn mit einem derartigen Buch bezwecken wolle. Und viele derer, die sie stellten, fügten hinzu: „Soll das ein Bewerbungsschreiben werden?"

Um es gleich an dieser Stelle vorwegzunehmen. Die Antwort auf die letzte Frage ist ein klares *Nein*. Nicht, dass es nicht Zeiten gegeben hätte, in denen ich mir sehr gut vorstellen hätte können – und es auch explizit angestrebt hatte – mitzuhelfen, die SPÖ wieder zu einer erfolgreicheren Partei zu machen. Aber diese Zeiten sind vorbei.

Der Grund, warum ich mich entschlossen habe, dieses Buch zu schreiben, ist mit zwei Worten zu beschreiben. Es sind die Worte des Buchtitels: *Leidenschaftlich Rot.* Genau das bin ich. Ein leidenschaftlicher Sozialdemokrat. Oder poetisch formuliert: In meinen Adern fließt sozialdemokratisches Blut.

Ich bin in eine sozialdemokratische Familie hineingeboren worden. Meine Großeltern, bei denen ich aufwuchs, waren überzeugte Sozialdemokraten, mein Großvater seit seiner Jugend in der Gewerkschaftsbewegung als Vertrauensmann und Betriebsrat tätig. Einer seiner Brüder war lange Jahre Parteivorsitzender und Nationalratsabgeordneter der SPÖ Ottakring, dessen Schwiegersohn später sein Nachfolger als Abgeordneter zum Nationalrat. Politik war stets präsent in unserer Familie. Keine Diskussion am Mittagstisch, die nicht auf die jeweils gegenwärtige politische Situation Bezug nahm. Die SPÖ war eine Leidenschaft, die den Großteil der Familie einte.

Gerhard Zeiler (links) bei einer Flugzettelaktion der Sozialistischen Jugend am Wiener Brunnenmarkt im Juni 1978.


Dieses „Feuer der Sozialdemokratie" erlosch auch nicht, als ich älter wurde. Nicht in unzähligen nächtlichen Diskussionen mit einigen Freunden der einstigen Sektion 32 der SPÖ Ottakring während meiner Studienzeit, nicht in der Sozialistischen Jugend, nicht im parteiübergreifenden Diskurs in meinem Freundes- und Bekanntenkreis. Die Begeisterung, über Ideale, Inhalte und politische Strategien der Sozialdemokratie zu diskutieren und zu streiten, ist bis zum heutigen Tag nicht kleiner geworden. Diese Begeisterung war sicher auch mit ein Grund, warum ich mein bereits sehr weit fortgeschrittenes Psychologiestudium an den Nagel hängte und stattdessen im Parteipressedienst der SPÖ zu arbeiten begann. Dass dieser Entschluss mich dann die Granden der Sozialdemokratie der damaligen Zeit – Bruno Kreisky, Hannes Androsch, Leopold Gratz, Karl Blecha, Heinz Fischer und Fred Sinowatz, um nur einige wenige zu nennen – kennenlernen ließ und dazu führte, dass ich fast sieben Jahre zuerst bei Fred Sinowatz und dann für kurze Zeit bei Franz Vranitzky arbeiten konnte, hat diese Leidenschaft nicht kleiner gemacht. Und sie wurde auch nicht auf meinem Weg durch die internationale Medienwelt beendet – ohne deshalb die Professionalität des Managertums zu beeinflussen.

Leidenschaftlich für eine Sache, für eine Bewegung einzutreten, heißt aber nicht, blind gegenüber ihren Fehlern und Versäumnissen zu sein. Die Sozialdemokratie in Europa hat in den letzten beiden Jahrzehnten einige markante Fehler und Versäumnisse aufzuweisen, die SPÖ bildet diesbezüglich keine Ausnahme. Ich verhehle nicht, dass ich – wie so wie viele andere SPÖ-Mitglieder auch – der Politik, insbesondere der Bundes-SPÖ, zunehmend kritisch gegenüberstand. Diese Kritik aus meiner Sicht offen darzulegen – wie ich hoffe in einer konstruktiven Form –, ist ein Ziel dieses Buches. Aber das Hauptziel ist nicht, Kritik an der Vergangenheit zu üben. Das Hauptziel des Buches ist darzustellen, wie aus meiner Perspektive die Sozialdemokratie im Allgemeinen und die SPÖ im Konkreten aus ihren Fehlern lernen und ihre historische Funktion künftig besser erfüllen können. Es geht um die Vision, die Strategie und das konkrete Programm – Punkte, die notwendig wären, um die Sozialdemokratie wieder so stark zu machen wie zu den Zeiten Bruno Kreiskys und Franz Vranitzkys, Es geht auch – aber eben nicht nur und schon gar nicht zuallererst – um die Repräsentanten der Partei.

Dieses Buch wäre nicht zustande gekommen, wäre ich nicht während der Verleihung der Ehrenbürgerschaft der

Stadt Wien an Franz Vranitzky im Herbst 2017 neben Peter Pelinka, einem langjährigen Freund, zu sitzen gekommen. Er erzählte mir von einem Buchprojekt anlässlich des 80. Geburtstages von Hannes Androsch: Mehrere Gastautoren sollten Zukunftsvisionen ihres Arbeitsgebietes entwerfen. Als er mich fragte, ob ich ein Kapitel über die Zukunft der Medien schreiben könnte, sah er mir meine geringe Begeisterung sofort an und fügte den entscheidenden Satz hinzu: „Du könntest auch über die Zukunft der Sozialdemokratie schreiben." Ein Angebot, das ich auf der Stelle annahm. Die Arbeit an diesem Text, den ich während der Weihnachtsfeiertage 2017 schrieb, war der eigentliche Katalysator für dieses nun vorliegende Buch.

Als Peter Pelinka und der Verlag mir dann vor einem Jahr vorschlugen, aufbauend auf den erwähnten Essay zur Zukunft der Sozialdemokratie ein ganzes Buch zu schreiben, konnte und wollte ich nicht absagen. Die Grundlage für den Text waren fast dreißigstündige Gespräche mit Peter Pelinka während der Osterwoche 2019, die er dann zu einem ersten inhaltlichen Bogen zusammenfasste. Ohne diese seine erste Mitarbeit hätte ich mit Sicherheit den Abgabetermin des Verlages nicht halten können. Den Rest ermöglichte eine Kombination aus Disziplin und Leidenschaft. Sie halfen mir, Überseeflüge und viele Abende in den USA weiterführend denkend und schreibend zu verbringen. Ich hoffe, ich konnte das Ergebnis zu einer auch für Sie anregenden Lektüre verdichten.

**GERHARD ZEILER**

# 1.
# WAS NUN, SPÖ? GEDANKEN ZU EINER NEUEN SPÖ

Wenn sich die SPÖ nicht programmatisch, kommunikativ und organisatorisch neu ausrichtet, wenn sie nicht versteht, was die echten Sorgen der Menschen sind, und Antworten darauf findet, wird sie zu einer Kleinpartei werden.

**DAS ERGEBNIS** der Nationalratswahl am 29. September 2019 hat gezeigt, dass die SPÖ weit davon entfernt ist, von den Wählerinnen und Wählern Verantwortung übertragen zu bekommen. Das zumindest öffentlich kommunizierte Ziel, stärkste Partei zu werden, wurde um mehr als 15 Prozent verfehlt. Rechnet man die Nichtwähler dazu, haben sich nicht einmal 20 Prozent aller Wahlberechtigten dafür entschieden, die SPÖ zu wählen.

Dies ist nicht nur das schlechteste Ergebnis bei einer Nationalratswahl seit Ende des Zweiten Weltkrieges – das auch nur graduell dadurch besser wird, dass man den zweiten Platz in der Gunst der Bevölkerung noch gehalten hat –, es zeigt auch die Gefahr auf, dass die SPÖ die Führungsrolle der progressiven Kräfte in Österreich an die Grünen verliert.

Spätestens jetzt müssen bei allen Verantwortlichen der SPÖ die Alarmglocken läuten, um einem Schicksal wie der SPD in Deutschland zu entgehen.

In den vergangenen Jahren ist von vielen Journalistinnen und Journalisten, aber auch von vielen Personen innerhalb der SPÖ oft von einem „Neuanfang“, von einer „letzten Chance“ gesprochen worden. Jetzt ist es tatsächlich so weit: Wenn sich die SPÖ nicht programmatisch, kommunikativ und organisatorisch neu ausrichtet; wenn sie nicht versteht, was die echten Sorgen der Menschen sind, und Antworten darauf findet, wird sie zu einer Kleinpartei werden. Es muss unabhängig von der zukünftigen Regierungskonstellation die politische und inhaltliche Profilierung der Partei sowie deren personelle und strukturelle Erneuerung in Angriff genommen werden. Beides ist unabdingbare Voraussetzung für einen zukünftigen Wahlerfolg. Es gilt, nichts weniger als eine neue SPÖ aufzubauen.

Was bedeutet dies konkret für die nächsten fünf Jahre? Was muss die SPÖ angesichts des Wahlergebnisses konkret tun, um das Vertrauen der Bürgerinnen und Bürger in einem Ausmaß wiederzuerlangen, das ihr die Möglichkeit eröffnet, in Zukunft federführend die Geschicke Österreichs in einem sozialdemokratischen Geist zu lenken? Aus meiner Sicht sind vier Aspekte Voraussetzung für den zukünftigen Erfolg der Partei.

## 1. EIN KLARES INHALTLICHES PROGRAMM ALS PARTEI DER LINKEN MITTE

Zuallererst ist es notwendig, ein zukunftsorientiertes, an den Bedürfnissen der großen Mehrheit der Bevölkerung orientiertes politisches Programm zu entwerfen und dies auch klar und einfach zu kommunizieren. Dieses Programm hat sich an den konkreten Fragen, Ängsten und Bedürfnissen der Wählerinnen und Wähler zu orientieren. Sie müssen wissen, wofür die SPÖ steht und wofür nicht. Die inhaltliche Ausrichtung einer Partei ist noch immer das wichtigste Kriterium für eine Wahlentscheidung.

Und genau die unklare politische Standortbestimmung sowie die entweder nicht erfolgte oder falsch kommunizierte Positionierung der SPÖ – bestes Beispiel ist das „Holen Sie sich, was Ihnen zusteht"-Wahlplakat aus dem Jahr 2017 –

sind aus meiner Sicht hauptverantwortlich für die Wahlniederlagen der SPÖ in den vergangenen zehn Jahren. Wenn man breite Teile der Bevölkerung, inklusive der eigenen Anhängerschaft, im Unklaren lässt, wofür die Partei steht, darf man sich über das Urteil der Wählerinnen und Wähler nicht wundern.

Kapitel 9 beschreibt im Detail die aus meiner Sicht notwendige politische Ausrichtung als Partei der linken Mitte. Weder würde die Rückkehr „zur reinen Lehre" der Partei eine Zukunftschance geben noch die Übernahme von FPÖ-Positionen. Letzteres wäre auch gegen alle sozialdemokratischen Werte.

## 2. DER FOKUS AUF JUGEND UND FRAUEN

Ob Bruno Kreisky, Willy Brandt, John F. Kennedy oder Barack Obama – alle haben ihre Wahlen nur deswegen gewonnen, weil es ihnen gelungen war, eine klare Mehrheit der Jungen und der Frauen für ihre Programme zu begeistern. Alle progressiven Bewegungen in den westlichen Demokratien, insbesondere auch die sozialdemokratischen Parteien, haben stets dann Wahlen gewonnen, wenn sie die mehrheitliche Zustimmung der Jugend und der Frauen hatten. Mit anderen Worten: Die Jugend und Frauen sind eher für linke, progressive und zukunftsorientierte Ideen zu gewinnen. Mein Rat an die SPÖ ist es, sich sowohl inhaltlich wie auch personell wieder verstärkt auf die Bedürfnisse und Lebensumstände dieser beiden Wählergruppen auszurichten. Und dies nicht nur aus wahltaktischen Gründen. Ich bin auch davon überzeugt, dass unsere Welt eine bessere wäre, würde sie mehrheitlich von Frauen regiert werden. Und würden wir alle mehr auf unsere Kinder und deren Wünsche, Überzeugungen und Träume hören.

Dass die Nachwahlumfragen aufzeigen, dass die SPÖ bei den Unter-Dreißigjährigen gerade einmal drittstärkste Partei geworden ist und auch bei den Frauen die Nummereins-Position an die ÖVP abgegeben hat, ist ein echtes Warnsignal.

## 3. KEINE REGIERUNGSBETEILIGUNG AUS EINER SCHWÄCHEPOSITION HERAUS

Mit dem schwächsten Ergebnis bei Nationalratswahlen in der Geschichte der SPÖ ist der Verzicht auf eine Regierungsbeteiligung angebracht. Trotz eines derartigen Wahlergebnisses in die Regierung zu drängen, hieße, aus der Geschichte der SPD nichts zu lernen.

In der SPÖ gibt es drei unterschiedliche Zugänge zu einer möglichen Regierungsbeteiligung. Die erste Gruppe würde nur zu gerne Minderheitspartner in einer ÖVP-SPÖ-Koalitionsregierung werden. Man verhindert damit eine Wiederauflage der ÖVP-FPÖ-Koalition und kann mit Sicherheit die eine oder andere soziale Maßnahme im Koalitionsvertrag durchsetzen und – vor allem aus Sicht der Gewerkschaft das wichtigste Argument – die vollständige Zerstörung der Sozialpartnerschaft verhindern. Auf der anderen Seite steht die Gefahr, dass die SPÖ das Schicksal der SPD ereilt, die wie auch andere sozialdemokratische Parteien heute zu einer Kleinpartei geschrumpft ist.

Die zweite Gruppe – nicht immer öffentlich, aber durchaus unter der Hand – sieht die Möglichkeit einer SPÖ-FPÖ-Koalition nicht jetzt, aber in der Zukunft. Dem burgenländischen Landeshauptmann Hans Peter Doskozil wird nachgesagt, diese Linie zu vertreten, die ihn als Bundeskanzler auf den Ballhausplatz bringen soll. Dies hätte – wenn dafür überhaupt eine Parteitagsmehrheit erzielbar wäre – mit ziemlicher Sicherheit eine Parteispaltung zur Folge. Die Gewinner wären in erster Linie die Grünen, denen ein nicht zu unterschätzender Teil der SPÖ-Wählerschaft automatisch zufallen würde. Abgesehen davon, dass ich in absehbarer Zukunft keine Mehrheit für eine derartige Koalition auf Bundesebene sehe, ist eine Koalition mit der FPÖ aus meiner Sicht nicht mit sozialdemokratischen Prinzipien zu vereinbaren.

Die dritte Gruppe wiederum ist der Meinung, dass in den nächsten fünf Jahren der Platz der SPÖ in der Opposition sein sollte. Dafür sprechen gute Gründe, da sowohl die inhaltliche wie auch organisatorische und personelle Neuorientierung gegen eine Regierungsbeteiligung sprechen. Es ist kein Geheimnis, dass die meisten der Bundesländerparteien diesen Weg einschlagen möchten.

Allerdings kann mit dieser Haltung nicht mit Sicherheit eine türkis-blaue Koalition ausgeschlossen werden. Für den Fall, dass sich entgegen aller Erwartungen doch eine Neuauflage von ÖVP und FPÖ abzeichnet, gibt es einen vierten Zugang, den ich präferieren würde. Die SPÖ könnte dem Wahlsieger ÖVP den Vorschlag unterbreiten, eine Minderheitsregierung für eine Periode von zwei Jahren zu tolerieren und sich dazu verpflichten, keinen Misstrauensantrag gegen die Regierung zu unterstützen, wenn diese im Gegenzug die folgenden zwei Vorhaben umsetzt:

1. Erhöhung des monatlichen gesetzlichen Netto-Mindestlohns auf 1.700 Euro innerhalb des ersten Regierungsjahres, was einer der wichtigsten Forderungen der SPÖ im Wahlkampf entspricht.
2. Verabschiedung eines akkordierten und wirksamen Klimapaketes, das eine $CO_2$-Abgabe mit sozialem Ausgleich beinhaltet.

Dieser Zugang hätte den Vorteil, dass die SPÖ nicht an eine Koalitionsräson gebunden wäre. Und es würde den Wählerinnen und Wählern vor Augen führen, dass es der SPÖ nicht um die Besetzung von Regierungspositionen geht, sondern um politische Inhalte. Nimmt die ÖVP dieses Angebot an, dann würden zumindest einige der wesentlichen politischen Vorhaben umgesetzt. Nimmt sie es nicht an und koaliert mit einer der anderen Parteien, dann ist nichts vergeben.

## 4. PERSONELLER NEUANFANG … MIT PAMELA RENDI-WAGNER

Die personelle „Attraktivität" einer Partei – sowohl was den/die Spitzenkandidaten/in als auch das Team um diesen/diese betrifft – ist eines der wesentlichen Kriterien für einen Wahlerfolg oder eben einen Misserfolg. Jede Wahl ist heute auch eine Persönlichkeitswahl und ein Teil des Ergebnisses hängt direkt von der Ausstrahlung der Person an der Spitze ab. Man ist entweder Asset oder Belastung.

Einige grundsätzliche Gedanken dazu:

Wenn man die Geschichte der europäischen Sozialdemokratie nach dem Zweiten Weltkrieg Revue passieren lässt, ist unschwer erkennbar, dass man die erfolgreichen sozialdemokratischen Führungspersönlichkeiten in drei Kategorien einteilen kann.

Da gibt es einerseits die Leitfiguren der Sozialdemokratie: Willy Brandt, Olof Palme, François Mitterand, Felipe González und Bruno Kreisky. Allesamt die großen Väter unserer Bewegung, die meisten von ihnen im Krieg oder in der Diktatur aufgewachsen, teilweise zur Emigration gezwungen und davon politisch geprägt. Sie alle verfügten über eine ausgeprägte politische Vision, hatten einen starken Charakter und außerordentliches persönliches Charisma und waren weit über die Grenzen ihrer Länder hinaus bekannt und respektiert. Auch weit über die Grenzen der Sozialdemokratie hinaus.

Die zweite Gruppe ist die Gruppe der Staatsmänner. Macher, denen man vertraut hat, das Richtige zu tun. Meistens waren sie in Phasen der Krise und Unsicherheit an die

Regierung gekommen. Helmut Schmidt und Franz Vranitzky sind die Herausragendsten unter ihnen.

Die dritte Gruppe sind die „Einer von uns"-Sozialdemokraten. Männer wie etwa Gerhard Schröder, Michael Häupl oder Helmut Zilk. Mit ihnen konnte man sich identifizieren, sie beherrschten die Sprache der Menschen. Sie waren authentisch und wurden geschätzt, teilweise sogar verehrt, trotz ihrer auch vorhandenen Fehler.

Alle von ihnen hatten eine politische Vision, verfolgten ein konkretes politisches Ziel, wollten inhaltlich etwas bewirken, hatten das Credo, das Richtige und nicht nur das Populäre tun zu wollen. Und wollten eben nicht einfach nur eine politische Position erreichen bzw. behalten.

Um ehrlich zu sein: Nicht bei allen der Parteivorsitzenden seit dem Rückzug von Viktor Klima im Jahr 2000 bin ich mir sicher, ob diese Definition für sie ebenfalls Gültigkeit hat.

Insbesondere das Brechen von zwei zentralen Wahlversprechen durch Alfred Gusenbauer im Jahr 2006 – nämlich die Aufhebung der Studiengebühren und die Kündigung des Vertrages der von der Vorgängerregierung in einem dubiosen Prozess bestellten Abfangjäger –, um im Gegenzug Bundeskanzler zu werden, hat das Vertrauen – vor allem der Jugend – in sozialdemokratische Ehrlichkeit schwer erschüttert.

Dies wurde in negativer Hinsicht noch übertroffen von Christian Kern. Wohl auch deswegen, weil die Erwartungshaltung am Beginn seiner Tätigkeit als Parteivorsitzender und Bundeskanzler in der SPÖ außerordentlich groß war. Er fand die richtigen Worte in seiner ersten Regierungserklärung und erkannte, dass die große Koalition nur Berechtigung hatte, wenn sie auch die großen Probleme des Landes zu lösen versucht. Kern verfügte auch über eine besondere rhetorische Fähigkeit, die nicht nur die eigene Anhängerschaft beeindruckte. Doch er hat es zweimal – einmal zu Beginn seiner Kanzlerschaft im Mai 2016 und das zweite Mal im Jänner 2017 – verabsäumt, die Koalition zu beenden und Neuwahlen auszurufen, obwohl ihm klar sein musste, dass Sebastian Kurz auf dem Weg an die Spitze der ÖVP unaufhaltsam war und auch den kleinsten Erfolg der Regierung verhindern würde. Letztlich trugen auch seine unausgegorene politische Linie, die an einem Tag den Ansichten Jeremy Corbyns folgte und am nächsten Tag Emmanuel Macron nacheiferte; seine unzulängliche Fähigkeit in einem Team zu arbeiten und dieses zu führen sowie seine für jeden erkennbare Eitelkeit außergewöhnlichen Ausmaßes dazu bei, dass Sebastian Kurz 2017 mit ihm als Gegenüber leichtes Spiel hatte.

Trotzdem: Wäre Christian Kern nach der verlorenen Wahl zurückgetreten, wäre er auch heute noch ein respektierter Ex-Parteivorsitzender. Doch seine persönliche Abneigung gegenüber Sebastian Kurz ließ ihn noch in der Wahlnacht eine Brücke zur FPÖ schlagen, was angesichts des Wahlergebnisses nur ein Verzweiflungsakt gewesen sein konnte und was viele Wählerinnen und Wähler aus dem Grün-Lager, die ihm und der SPÖ die Stimme gegeben hatten, um eine ÖVP-FPÖ-Koalition zu verhindern, vollkommen vor den Kopf stieß. Die Umstände seines Rücktrittes als Parteivorsitzender zwei Wochen vor einem Parteitag, nachdem er mehrmals öffentlich bekundet hatte, selbstverständlich wieder kandidieren zu wollen, haben der SPÖ schwer geschadet.

Hätte ich nur annähernd geahnt, aus welchem Persönlichkeitsholz Christian Kern geschnitzt ist, wäre ich im Mai 2016 in einer Kampfabstimmung um den Parteivorsitz gegen ihn angetreten.

Alle bisher genannten Persönlichkeiten sind Männer. Mittlerweile hat sich die Gesellschaft – unter wesentlichem Einfluss der Sozialdemokratie – endlich so weit gewandelt, dass mehr Vielfalt möglich ist, auch in Österreich. Mehr als 100 Jahre nach Amtsantritt von Karl Renner und nach 32 Männern führte mit Brigitte Bierlein erstmals eine Frau unsere Regierung. Und auch die SPÖ wird erstmals von einer Frau geführt.

Pamela Rendi-Wagner ist eine sympathische, ehrliche Sozialdemokratin, der übertriebenes Ego fern ist und die die Partei zu einem Zeitpunkt übernommen hat, der nicht schlechter hätte sein können. Sie hat die Loyalität der Partei verdient, nicht zuletzt, weil ich überzeugt davon bin, dass das Wahlergebnis ohne ihren unermüdlichen Einsatz im Wahlkampf noch schlechter ausgefallen wäre. Ob sie allerdings angesichts des Ergebnisses auf Dauer Parteivorsitzende bleiben wird, wird in erster Linie auf sie selbst ankommen. Sie muss die Partei radikal verändern, will sie eine Chance haben, die SPÖ wieder zu Wahlerfolgen zu führen. So wie Bruno Kreisky sich nach der Niederlage in der Zwentendorf-Abstimmung eine Generalvollmacht von den Parteigremien geben ließ, so wie Sebastian Kurz der ÖVP die Bedingungen für den Parteivorsitz diktierte, so muss Pamela Rendi-Wagner die Wahlniederlage nutzen und einer neuen SPÖ ihren inhaltlichen und personellen Stempel aufdrücken.

Sie muss ein Team und einen Mitarbeiterstab um sich scharen, die einen Neuanfang garantieren. Es ist Zeit für einen Generationenwechsel, und es ist Zeit für mehr Frauen in den Führungsgremien der Partei. Und es ist ebenfalls Zeit für ein professionelles Team in der Parteizentrale, das kommunikations- und marketingtechnisch aufrüstet.

Vor allem muss sie verhindern, dass in der SPÖ die gleiche De-facto-Machtstruktur entsteht, die jahrzehntelang die ÖVP eingeschränkt hat: dass nämlich die Landeshauptleute und Landesparteivorsitzenden das eigentliche Machtzentrum der Partei darstellen. Die SPÖ war immer dann erfolgreich, wenn an ihrer Spitze eine starke Persönlichkeit stand, die die Zügel in der Hand hielt. Ich hoffe, Pamela Rendi-Wagner ist eine solche starke Persönlichkeit, die sich die Zügel des Neuanfanges nicht aus der Hand nehmen lässt.

# 2.
# UNSERE WELT IN DER KRISE

Die Globalisierung vollzieht sich für viele Menschen zu abrupt, sie scheint ihnen ihre früher angeblich sichere Heimat zu gefährden. Die Folgen: Die autoritären Ideen sind auf dem Vormarsch.

**ICH HABE** in den vergangenen zwei Jahrzehnten aufgrund meiner beruflichen Tätigkeit die Möglichkeit erhalten, mir einen Überblick über die politischen und gesellschaftlichen Entwicklungen in den meisten Regionen der Welt zu verschaffen – zugegeben von der privilegierten Position eines Managers aus. Ich reise seit vielen Jahren beruflich sehr viel in Europa, Asien, Lateinamerika und den USA. Das ist grauenhaft und wunderbar zugleich.

Wenn ich beruflich in diesen Kontinenten unterwegs bin, bewege ich mich aber keineswegs nur in der „High Society". Vielmehr besteht der meiste Kontakt bei Veranstaltungen im Gespräch mit unseren Angestellten und den Betriebsräten. Und natürlich auch mit den örtlich ansässigen Medienleuten, mit sozial und künstlerisch engagierten Menschen. Was mir dabei besonders auffällt: Im Vergleich zur Situation von vor acht bis zehn Jahren herrscht heute eine deutlich pessimistischere Grundstimmung. Während wir in der Zeit nach 2008 einerseits die Auswirkungen der veritablen Banken- und Finanzkrise erlebten, gab es andererseits auf der politischen Ebene eine Aufbruchsstimmung, die viel Hoffnung erzeugte. Der neue US-Präsident Barack Obama („Yes, we can!") stand für diese Hoffnung genauso wie der

Arabische Frühling, der im Nahen und Mittleren Osten und in Nordafrika Demokratisierung und friedliche Lösungen zu bringen versprach. Auch der Dialog zwischen dem Westen und Russland war noch immer intensiv, wenn auch nicht mehr so optimistisch angehaucht wie zu Beginn des Jahrtausends. In der Zwischenzeit haben sich jedoch die meisten Hoffnungen dieser Zeit zerschlagen: nach Obama ist Trump gekommen, der Arabische Frühling ist zu einem bitterkalten Winter geworden und die Beziehungen zwischen dem Putin-geführten Russland und den USA sowie den westlichen Demokratien Europas sind gefährlich nahe dem Nullpunkt.

Aktuell stehen wir also vor der umgekehrten Situation: Die schlimmsten Auswirkungen der damaligen Finanzkrise sind gebannt, auch wenn ihre Ursachen in keinster Weise beseitigt sind. Die politische Weltordnung aber taumelt gefährlich vor sich hin. Zusätzlich zu nach wie vor ungelösten politischen Megaproblemen wie dem – nicht nur, aber vorrangig islamistisch geprägten – Terrorismus, der nach wie vor tickenden Zeitbombe im Nahen Osten und dem nicht im Mindesten adäquat begegneten Klimawandel sind neue Herausforderungen auf uns zugekommen: Das betrifft insbesondere die Schwächung der EU durch nationalistische und populistische Strömungen, die einen Höhepunkt in der Brexit-Entscheidung gefunden hat. Und damit nicht genug hat Donald Trump alles getan, um die Spaltung der Welt voranzutreiben: Der seit 2017 amtierende US-Präsident hat das Bündnis der USA mit Europa wirtschaftlich wie politisch wiederholt gefährdet; er hat im Konflikt zwischen dem Iran und Saudi-Arabien höchst einseitig Position bezogen, indem er das Atomabkommen gekündigt hat; er ist aus dem Pariser Klimaabkommen ausgetreten; er treibt die wirtschaftlichen und politischen Rivalitäten mit der zweiten Supermacht China auf die Spitze und pflegt mit dem einstigen Hauptrivalen Russland ein fast bizarres Freund-Feind-Verhältnis. Fazit: Trumps Wahlslogan „America First" hat die Weltpolitik endgültig unberechenbar gemacht. Und was einen westlich orientierten Menschen wie mich besonders verstört: Donald Trump hat die moralische Autorität unseres westlich orientierten Demokratiemodells in vielen Teilen der Welt zumindest schwer erschüttert.

In ökonomischer Hinsicht hat sich also die Lage seit der Finanzkrise 2008/2010 verbessert, die Ursachen, die zu dieser Krise geführt haben, sind aber keineswegs bewältigt. Mit anderen Worten: Weder ist die Dominanz der globalen Finanzwirtschaft geringer geworden, noch ist ihre Kontrolle in nennenswertem Ausmaß verbessert worden. Zugegeben: Die meisten Banken haben ihre Bilanzen zum Großteil bereinigt und die Warninstrumentarien insbesondere der Europäischen Zentralbank und der Federal Reserve in den USA wurden wesentlich verfeinert. Ich kenne aber wenig Experten und Expertinnen, die der Meinung wären, eine neue Finanzkrise dieses Ausmaßes sei nicht mehr möglich. Und was politisch noch gefährlicher ist: Die ungebrochene Dominanz der Finanzwirtschaft geht einher mit einer immer größer werdenden Ungleichheit zwischen, aber auch innerhalb der meisten Märkte. Dazu kommt, dass in den meisten Ländern – auch des Westens – die finanzielle Kraft des Staates nachhaltig abgenommen hat, was sich in signifikant niedrigeren Investitionsbudgets niederschlägt. Davon sind insbesondere die Gemeinwohlbereiche Gesundheit, Bildung, Wohnbau und öffentlicher Verkehr betroffen.

Der britische Ökonom Martin Wolf, einer der weltweit einflussreichsten Wirtschaftsjournalisten, schrieb 2017 in der *Financial Times* – dem Zentralorgan des Kapitalismus: „(...) the west (fragile as it is today) has to recognise — and learn from — the fact that management of its economy and politics has been unsatisfactory for years, if not decades. The west let its financial system run aground in a huge financial crisis. It has persistently under-invested in its future. In important cases, notably the US, it has allowed a yawning gulf to emerge between economic winners and the losers."[1]

Dem ist nichts hinzuzufügen.

All das verschärft die Unzufriedenheit ärmerer Schichten und die Abstiegsängste im Mittelstand. Der starke Anstieg der Migration und vor allem die politische Unfähigkeit damit umzugehen, bringt Nationalisten und Rechtspopulisten regen Zulauf. Die Globalisierung vollzieht sich für viele Menschen zu abrupt, sie scheint ihnen ihre früher angeblich sichere Heimat zu gefährden. Die Folgen: Die autoritären Ideen sind auf dem Vormarsch, sie geben sich meist antiglobalistisch, illiberal, antielitär, versuchen die Gesellschaften in „wir" (das Volk) und „sie" (die Globalisten/Ausländer/die Elite) zu spalten und diese Stimmungsmache zu ihren eigenen Vorteilen zu nutzen.

Dazu nur zwei Beispiele: Einer der wichtigsten Brexit-Unterstützer, der britische Industrielle James Dyson, hat Anfang 2019 die Zentrale seiner Firma nach Singapur verlegt, wo er damit beginnt, neue Fabriken zu bauen. Crispin Odey, ein britischer Top-Hedgefonds-Manager, der die „Leave Campaign" signifikant und mit viel Geld unterstützt hat, hat gleichzeitig mit seinem Hedgefonds auf eine Talfahrt des britischen Pfunds gewettet in der richtigen Erwartung, dass dies eine Folge der Brexit-Entscheidung wäre. Mehr Scheinheiligkeit geht nicht mehr.

Zu den Unsicherheiten der wirtschaftlichen und globalen Entwicklung kommt das weit verbreitete Unbehagen bezüglich der Digitalisierung, deren Auswirkungen auf das tägliche Leben vieler Bürgerinnen und Bürger viel zu wenig erklärt werden. Ungebremste Globalisierung und zu wenig Aufklärung über Digitalisierung haben Zukunftsangst und Kulturpessimismus verstärkt: Die vierte industrielle Revolution mit ihrer vollständigen Nutzung der künstlichen Intelligenz unterscheidet sich zudem von den früheren Umbrüchen durch die Geschwindigkeit ihrer Entwicklung. Die Beschleunigung der wissenschaftlichen und technologischen Innovationen lässt dem Durchschnittsbürger wenig Chancen zur ruhigen Erkenntnis, wie man sie nutzbringend verwerten kann. Die dramatischen Warnungen des französischen Präsidenten Emmanuel Macron sind durchaus ernst zu nehmen: Steigende Ungleichheit fördere Autoritarismus, denn die Wähler hätten das Gefühl, die Demokratie schütze sie nicht vor der Ungleichheit, die ein „verrückt gewordener Kapitalismus" verursacht habe.

Und noch etwas hat das politische Gesicht der westlichen Welt signifikant verändert: Egal wo wir hinsehen, ob in die USA, nach Großbritannien oder in die meisten Länder Europas: Die Spaltung der Gesellschaft hat unser politisches System radikalisiert. Die Strategie eines „Us" versus „Them", wie es Ian Bremmer – Autor des gleichnamigen Buches und Gründer der politischen Forschungs- und Consultingfirma Eurasia – beschreibt, hat in den meisten Gesellschaften zu einer radikalen Änderung der politischen Prozesse geführt. Weg von einer zumeist konsensorientierten „Win-win"-Politik hin zu einer Politik, die die Auffassung vertritt: „Die Mehrheit hat grundsätzlich immer zu 100 Prozent recht". Eine „G-Zero-World" nennen dies die Politologen, in der man entweder Gewinner oder Verlierer ist.

In diesem Zusammenhang sehe ich auch in der Forderung nach mehr direkter Demokratie, die sowohl in den Wahlprogrammen der ÖVP wie auch insbesondere der FPÖ an prominenter Stelle zu finden ist, mehr Nachteile als Vorteile. Warum? Weil ein Referendum, eine Volksabstimmung, fast immer zu einer enormen Polarisierung der Standpunkte und damit zu einer Spaltung der Gesellschaft führt. Die Brexit-Abstimmung in Großbritannien ist nur ein Beispiel dafür. Und weil es vielfach zu einem taktischen und nicht inhaltlichen Abstimmungsverhalten kommt. Wir haben das in Österreich bei Zwentendorf und auch bei der Volksabstimmung über den verpflichtenden Wehrdienst gesehen. Und das dritte Argument gegen ein Mehr an direkter Demokratie ist die Tatsache, dass – wie wir aus den Abstimmungen in der Schweiz wissen – oft nur ein kleiner Teil der Bevölkerung an den Volksabstimmungen teilnimmt.

Der Brexit und Trumps Fokussierung auf „America First" sind Beispiele dafür, wie eine geringe Mehrheit (im Falle Trumps sogar eine Minderheit), ohne Kompromisse und ohne auf die andere Hälfte der Bevölkerung Rücksicht zu nehmen, ihre politischen Ziele umzusetzen versucht. Hand in Hand geht mit dieser Entwicklung auch die Schwächung der meisten internationalen Institutionen einher, sei es die UNO oder internationale Handelsorganisationen wie die WTO.

Warum uns dies kümmern sollte?

Weil dadurch das Vertrauen in die Lösungskapazität des westlichen Gesellschaftsmodells, der Glaube an die Überlegenheit des demokratisch-liberalen Systems, die Überzeugung, dass die renommierten internationalen Institutionen über die besseren Konfliktlösungsinstrumentarien verfügen, das Wissen, dass trotz aller Schwierigkeiten eine globale Wirtschaft die beste Voraussetzung für Wachstum und Armutsbekämpfung ist, in Gefahr geraten, verloren zu gehen. Und weil im Gegenzug die Attraktivität autoritärer Gesellschaftsmodelle – ob es sich dabei um das chinesische Modell des autoritären Staatskapitalismus oder um das von Orbán, Kaczynski und Co. propagierte „illiberale Demokratiemodell" handelt – deutlich an Attraktivität gewinnt. Auch im Westen.

Wir brauchen ein Mehr an Miteinander, ein Mehr an Zuhören dem Andersdenkenden, nicht ein Mehr an Gegeneinander! Politische Lösungen herbeizuführen, die eine Win-win-Situation darstellen, müssen keine faulen politischen Kompromisse sein. Sowohl die großen globalen Konflikte als auch die anstehenden Probleme in unseren Heimatländern werden wir besser und nachhaltiger lösen können, wenn sie von allen oder zumindest vom Großteil der Betroffenen mitgetragen werden. Ein Klima wie das derzeitige, in dem die Spaltung der Gesellschaft so augenscheinlich ist, kann keine nachhaltige Problemlösung erzeugen. Nicht „Yes, I can", sondern „Yes, we can" muss die Devise sein.

Eines der Grundprobleme der heutigen gesellschaftlichen Entwicklung in den westlichen Demokratien ist die Tatsache, dass bei vielen Menschen das Vertrauen in die politischen Prozesse und damit auch das Vertrauen in die Politikerklasse verloren gegangen oder zumindest deutlich geringer geworden ist. Vielen Politikern wird – in manchen Fällen zu Recht, aber in den meisten Fällen zu Unrecht – unterstellt, dass sie entweder aus rein finanziellen Überlegungen oder aus Machtgründen in die Politik eingestiegen sind; dass sie aufgrund ihrer privilegierten Lebensumstände (Auto, Chauffeur, Mitarbeiterstab etc.) keine Kenntnis der tagtäglichen Probleme und Bedürfnisse des Großteils der Bevölkerung haben und dass ihnen sowohl Idealismus als auch der notwendige Pragmatismus verloren gegangen ist.

Um dieser Entwicklung entgegenzutreten, brauchen wir ein neues Leadership-Modell in der Politik. Politiker, die sich mit einem Team von Wissenden umgeben; die keine Informationen vorenthalten; die bereit sind Fehler zu begehen; die eine konstruktive Streitkultur pflegen, weil sich dadurch die besten Lösungen ergeben; die Unterschiedlichkeiten (diversity) pflegen, statt sie einzuschränken, und die sich einen „Thinktank" leisten, der sich mit Zukunftsideen abseits des Tagesgeschäftes auseinandersetzt. Wir brauchen Visionen, wie die Welt zum Besseren zu ändern ist, und wir brauchen den Pragmatismus, aus den idealistischen, manchmal auch unmöglichen Zielen das Bestmögliche umzusetzen.

Dazu bedarf es vor allem eines: Mut! Mut zu Veränderungen. Mut, diese Veränderungen zu erklären. Mut, notwendige, wenngleich im Moment vielleicht unpopuläre Maßnahmen umzusetzen. Manchmal auch gegen Widerstand. Und Mut, Fehler einzugestehen, und diese Fehler auch zu korrigieren. Mit anderen Worten: Wir brauchen politische Entscheidungsträger, die den Mut zur Veränderung und damit zur Verantwortung haben. Wir brauchen Politiker, die Vorbilder sind. Vorbilder im Sinne des griechischen Philosophen Platos, der in seinem Werk „Politeia" schrieb, dass man nur den ehrlichsten, tugendhaftesten und intelligentesten Menschen, die ihre Charakterfestigkeit über einen langen Zeitraum bewiesen hätten, das Regieren anvertrauen sollte. Die europäische wie auch die österreichische Sozialdemokratie verfügte in den Jahrzehnten seit dem Zweiten Weltkrieg über eine große Anzahl an Politikern in ihren Reihen, die alle Kriterien dieser Vorbildfunktion erfüllten. Leider kann man dies für die vergangenen zwei Jahrzehnte nicht mehr behaupten.

Angesichts dieser Ausgangssituation stellt sich die Frage, welche Handlungsoptionen es gibt: theoretisch zwei, aber praktisch und politisch nur eine einzige: Es gibt Vertreter und Vertreterinnen politischer Strömungen, die der Ansicht sind, man könne die technische und gesellschaftliche Entwicklung – Stichwort Globalisierung und Digitalisierung – aufhalten, indem man wieder damit beginnt Mauern (in jeder Hinsicht) aufzubauen. Ich nenne sie die Vertreter der „Nordkoreanischen Ideologieschule". Selbst wenn man zu denjenigen gehört, die glauben, dass dies überhaupt langfristig umsetzbar wäre, hieße dies, bewusst eine autoritäre Staats- und Regierungsform in Kauf zu nehmen. Denn Freiheit und insbesondere Meinungsfreiheit sind mit einem derartigen System unvereinbar.

Für jeden Demokraten und jede Demokratin kann es daher nur eine einzige Handlungsoption geben: Wir müssen die gesellschaftlichen Regularien hinsichtlich der technologischen Entwicklungen aktiv gestalten, um sicherzustellen, dass diese die Gesellschaft zum Positiven, zumindest aber nicht zum Negativen verändern. Und wir müssen dies in einer Geschwindigkeit tun, die mit der Geschwindigkeit der technologischen Entwicklung Schritt hält. Sozialdemokratische Politik kann dazu einen wesentlichen Beitrag leisten. Denn sozialdemokratische Politik hat letztlich nur ein Ziel: die Welt zum Positiven zu verändern.

Was sind aus diesem Blickwinkel die wesentlichsten Themen, mit denen sich sozialdemokratische Politik in den nächsten Jahren zu beschäftigen hat? Ich möchte diese in acht Punkten zusammenfassen.

## 1. ZUM FRIEDEN IN DER WELT BEITRAGEN

„Frieden ist nicht alles,
aber ohne Frieden ist alles nichts."
WILLY BRANDT

Das klingt banal und ist dennoch eines der wichtigsten politischen Ziele jeder sozialdemokratischen Partei. Gerade die SPÖ hat eine Tradition als Mediatorin für Konfliktherde. Ob dies in der Zeit des Kalten Krieges in der Brückenfunktion zwischen Ost und West war; ob es den Konflikt zwischen Israel und den Palästinensern betraf oder Missionen zur Befriedung des Konflikts im ehemaligen Jugoslawien: Österreichische Sozialdemokraten waren stets an erster Stelle, wenn es galt zu vermitteln und Gewalt und kriegerische Auseinandersetzungen zu verhindern. Leider deutet nichts darauf hin, dass die heute Verantwortlichen der SPÖ diese Aufgabe mit gleicher Verve und Hingabe verfolgen wie Bruno Kreisky, Franz Vranitzky und Karl Blecha seinerzeit.

## 2. DER ZUNEHMENDEN UNGLEICHHEIT ENTGEGENWIRKEN

„We have to prove wrong all these, who believe the rise of inequality is unstoppable. If we fail to do so, inequality might slay democracy, too, in the end."[2]
MARTIN WOLF

Einige Zahlen, die für sich sprechen: Laut einer Oxfam-Studie besitzt das reichste Prozent der Menschen 50 Prozent des gesamten weltweiten Vermögens. Dem reichsten Zehntel gehören 89 Prozent, den nächsten 40 Prozent gehören 10,8 Prozent und der restlichen Hälfte der gesamten Weltbevölkerung lediglich 0,2 Prozent des gesamten Vermögens weltweit. Und in den letzten zehn Jahren hat es durch die Ausweitung des Low-Paid-Sektors in vielen Ländern Reallohnverluste gegeben. Daher muss eines der obersten Ziele sein: Wir brauchen mehr ökonomische Fairness und Gerechtigkeit! Oder anders formuliert: Wir brauchen eine Renaissance der sozialen Marktwirtschaft. Wir brauchen einen Kapitalismus, der Rücksicht auf die sozial Schwächeren nimmt; der jedem Arbeitnehmer und jeder Arbeitnehmerin einen gerechten Anteil an der Wertschöpfung zuteilwerden lässt. Eine Gesellschaft, die weder im Gesundheits- noch im Bildungssystem eine Zweiklassengesellschaft zulässt, wie sie etwa in den USA oder in Großbritannien längst der Fall ist. Wir brauchen mehr und gezieltere staatliche Investitionen in den sozialen Wohnbau, den öffentlichen Verkehr, in das Bildungs- und Gesundheitswesen.

Wir brauchen einen notfalls auch staatlich gestützten gesetzlichen Mindestlohn, der jedem, der 40 Stunden arbeitet, ein Leben in Würde ermöglicht. Wir brauchen gerechte Steuersysteme, die auch die Giganten aus dem Silicon Valley erfassen. Welche Auswirkungen dies auf die globale Wirtschaftssituation hat, beschreibt Christine Lagarde, ehemalige Chefin des Internationalen Währungsfonds (IMF), die mit November 2019 das Amt der Präsidentin der Europäischen Zentralbank (EZB) übernehmen sollte, folgendermaßen: „The IMF analysis shows, that non OECD-countries collectively lose 200bn USD in revenues a year, due to companies shifting profits to low-tax locations."[3]

Soziale Marktwirtschaft, ein verantwortungsbewusster Kapitalismus, bedeutet auch dafür zu sorgen, dass die Realwirtschaft, die Arbeitsplätze schafft und gesellschaftlichen Mehrwert kreiert, Vorrang gegenüber der Finanzwirtschaft erhält. Investitionen statt Anteilsrückkäufe steuerlich zu begünstigen und Arbeit nicht stärker zu besteuern als Börsengewinne sind nur zwei Maßnahmen aus einem Bündel von möglichen Instrumenten, die dies sicherstellen können.

Wer, wenn nicht die Sozialdemokratie, soll an der vordersten Front dieser politischen Zielsetzung stehen?

Trotzdem oder gerade deswegen gilt es Folgendes klarzustellen: Es geht um die Reform des kapitalistischen Systems, nicht um seine Überwindung. Für mich ist jede Form der zentralen Planwirtschaft mit unserem demokratischen Wertesystem unvereinbar. Die sozialdemokratische Wirtschaftsordnung kann nur eine marktwirtschaftliche Orientierung aufweisen.

Klaus von Dohnanyi, bis 1988 SPD-Bürgermeister von Hamburg, formulierte dies in Bezug auf die SPD folgendermaßen: „Meine Partei muss endlich begreifen, dass es keine Systemalternative gibt. Freiheit und Marktwirtschaft sind untrennbar miteinander verbunden, auch wenn internationaler Wettbewerb gelegentlich bittere Sachzwänge schafft."

## 3. DEN FORTSCHREITENDEN KLIMAWANDEL BEKÄMPFEN

„The necessary may be impossible,
but the impossible is necessary."[4]
THOMAS FRIEDMAN

Ich war in meinem ganzen Leben nie ein Kulturpessimist. Optimismus ist Teil meiner politischen DNA und es gibt kein politisches Thema, für das ich nicht grundsätzlich positive Lösungen sehe. Einzig und allein beim Thema Klimawandel bin ich mir nicht sicher, ob es noch eine Minute vor oder bereits eine Minute nach zwölf ist. Umso mehr hat dieses Thema für jeden verantwortungsvollen Politiker Vorrang zu haben. Der Satz, dass wir die erste Generation sind, die den Klimawandel erlebt, aber gleichzeitig die letzte, die etwas gegen ihn unternehmen kann, stimmt in seiner gesamten Dramatik.

*Alles,* aber auch wirklich *alles* zu unternehmen, um die Ziele des Pariser Klimaabkommens zu erreichen und den Temperaturanstieg auf maximal 1,5 Grad zu beschränken, muss das oberste Ziel unserer Generation sein. Das sind wir unseren Kindern und Enkelkindern schuldig.

Dieses Ziel gilt für alle politischen Strömungen, die vernunftbezogen agieren, aber es wird insbesondere Aufgabe der Sozialdemokratie sein, dafür zu sorgen, dass die notwendigen – radikalen – Maßnahmen sozial und auch regional abgefedert werden. Jede der notwendigen Maßnahmen, sei es die Verteuerung des Individualverkehrs und von Flugreisen durch eine CO2-Abgabe oder eine gesetzlich normierte Wärmedämmung bei Häusern und Wohnungen, würde ohne soziale Gegensteuerung verstärkt die sozial Schwächeren treffen. Dem gilt es mit sozialen Ausgleichszahlungen gegenzusteuern, will man eine Zustimmung bei der breiten Bevölkerung erreichen. Ebenso ist es notwendig, den öffentlichen Verkehr, insbesondere in den ländlichen Regionen, deutlich auszubauen. Die „Gelbwesten-Bewegung“, die sich in Frankreich Anfang 2019 formiert hat, ist Beispiel für den sozialen Konfliktstoff dieses Themas. Und schließlich wird es den USA und der EU obliegen, jenen Ländern finanziell und technologisch bei der Bewältigung des Umstiegs zu einer klimafreundlichen Infrastruktur zu helfen, die – wie etwa die meisten Staaten Afrikas – dazu alleine wirtschaftlich nicht imstande sind. Der Kampf gegen den Klimawandel wird nur mit einer Umverteilungspolitik erfolgreich sein. Umverteilung in sozialer Hinsicht, Umverteilung zwischen Stadt und Land und Umverteilung zwischen den etablierten und den aufstrebenden Märkten.

## 4. DIE DIGITALISIERUNG AKTIV GESTALTEN

> „Governments must balance the economic benefits of automation and the negative social consequences. The ability to balance these by products will not only depend on the size of economic exposure to automation, but also on governments' capacities to prepare and respond through social safety nets and worker retraining programs.“[5]
>
> IAN BREMMER

Die nächsten Jahre und Jahrzehnte werden im Zeichen wesentlicher Veränderungen unserer Lebens- und Arbeitswelt stehen. Kaum eine Industrie, kaum ein Arbeitsprozess, der nicht von der vierten industriellen Revolution der Digitalisierung betroffen werden wird. Niemand weiß genau, wie viele der heutigen Arbeitsplätze durch den technologischen Fortschritt überflüssig werden, aber jedem Experten ist klar, dass es sich um einen nennenswerten Prozentsatz handeln wird. Manch pessimistische Prognosen gehen von 40 Prozent aller Arbeitsplätze weltweit aus.

Die gesamte Finanzarchitektur unseres Sozialstaates wird ebenfalls von dieser Entwicklung betroffen sein. Es muss uns gelingen neue – bezahlte – Arbeitsplätze zu schaffen, Arbeit umzuverteilen, die Finanzgrundlagen des Staates sowie die Finanzarchitektur der Sozialversicherungsanstalten, die in Zukunft abhängig von der Wertschöpfung und nicht von der Anzahl der Beschäftigten bestimmt sein müsste, auf neue Beine zu stellen. Eine Besteuerung der globalen Digitalkonzerne ist diesbezüglich nicht nur sinnvoll, sondern notwendig, um sicherzustellen, dass die Unternehmen mit den größten Gewinnen auch adäquat Steuern bezahlen. Und dies nicht nur in Steueroasen. Idealerweise ist dies mittels einer europaweiten gesetzlichen Regelung zu verabschieden, aber im Notfall auch mit rein nationalen Gesetzen exekutierbar. Selbstverständlich können sich die Änderungen nicht nur auf den Bereich der Steuergesetzgebung beschränken. Jede Digitalfirma muss einem gesetzlichen „Rechte- und Pflichtenheft" unterworfen sein, wie dies für jedes andere Unternehmen gilt. All diese neuen Regulative müssen in einer Geschwindigkeit erstellt werden, die mit jener der technologischen Entwicklung Schritt hält. Das ist zweifellos nicht einfach, aber es ist machbar.

## 5. BILDUNG FÜR ALLE ZU EINEM ZENTRALEN POLITISCHEN THEMA MACHEN

„So at a minimum, our educational systems must be retooled to maximize these needed skills and attributes: strong fundamentals in writing, reading, coding, and math; creativity, critical thinking, communication, and collaboration."[6]

THOMAS FRIEDMAN

Ohne signifikante Änderungen unseres Bildungs- und Ausbildungssystems werden wir die Anforderungen der digitalen Revolution nicht bewältigen. So viel Bildung wie nur möglich, so früh wie nur möglich und für alle Schichten der Bevölkerung, unabhängig von Bildungsgrad, Herkunft und sozialer Schicht der Eltern, muss das Ziel rationaler Politik sein. Der verpflichtende zweijährige Kindergartenbesuch, Ganztagsschulen und die gemeinsame Schule bis zum 14. Lebensjahr sind Modelle, die in vielen europäischen Ländern Erfolg gezeigt haben und die allesamt seit Langem sozialdemokratische Anliegen sind. Dafür und dafür, dass die notwendigen Ressourcen zur Verfügung stehen, gilt es sich einzusetzen.

## 6. DAS THEMA SICHERHEIT NICHT DEN RECHTSPOPULISTEN ÜBERLASSEN

„Es ist eine Grundbedingung für die Demokratie, dass sich die Menschen sicher fühlen."
GERHARD SCHRÖDER

Sicherheit gehört zu den Grundbedürfnissen jeder demokratischen Gesellschaft. Für Sicherheit zu sorgen ist eines der zentralen Ziele jeder Regierung. Auch jeder sozialdemokratischen. Nicht umsonst hat Bruno Kreisky mit seinem unnachahmlichen Gespür für die Bedürfnisse der Wählerinnen und Wähler für den Wahlkampf 1975 den Slogan „Sicherheit und eine gute Zukunft" gewählt.

Der Kampf gegen Kriminalität und der Kampf gegen die Ursachen der Kriminalität sind zwei Seiten derselben Medaille. Laissez-faire gegenüber kriminellen Aktivitäten aus falsch verstandener Sozialromantik kann keine sozialdemokratische Position sein. Dies gilt auch für diejenigen, die aus anderen Ländern und Kulturen zu uns gekommen sind. Umso mehr, als Globalisierung und Migration bei vielen Menschen Ängste ausgelöst haben, die in fast allen Ländern Europas und in den USA den Nährboden für nationalistische, fremdenfeindliche und teilweise auch rassistische Bewegungen gebildet haben. So sehr diese Bewegungen mit aller Kraft bekämpft werden müssen, so sehr muss verantwortungsvolle Politik auf diese Ängste eingehen. Sahra Wagenknecht, Politikstar der Partei „Die Linke" in der Bundesrepublik Deutschland, hat dies einmal pointiert folgendermaßen ausgedrückt: „Wer die Gastfreundschaft verletzt, hat das Gastrecht verloren."

Letztlich geht es um Regeln der Migration und auch der Integration. Aus sozialdemokratischer Sicht heißt dies Menschenwürde, Hilfestellung und Schutz für Asylwerber in Einklang zu bringen mit den Werten unserer demokratischen Gesellschaftsordnung. Integration kann nur gelingen, wenn wir als Gesellschaft alles daransetzen, jeder und jedem, die/der das Recht hat, sich bei uns niederzulassen, das Erlernen der deutschen Sprache zu ermöglichen, ihr/ihm eine adäquate Ausbildung und nach Abschluss einen Arbeitsplatz zukommen zu lassen und damit menschenwürdige Lebensbedingungen für sie/ihn und ihre/seine Familie zu bieten. Auf der anderen Seite muss es die Pflicht der Zuwanderer sein, die europäischen Werte, auf denen unsere Gesellschaft beruht – Gleichstellung von Mann und Frau; Trennung von Staat und Kirche; Meinungs- und Redefreiheit; Unabhängigkeit der Justiz, um nur einige zu nennen –, zu akzeptieren. Wer dazu nicht bereit ist, hat in unserem Land nichts verloren.

## 7. FÜR EINEN STARKEN UND EFFIZIENTEN STAAT EINTRETEN

„Der Staat ist die Wirklichkeit der sittlichen Idee."

FRIEDRICH HEGEL

Im Bereich der Bildungs- und Sozialpolitik warten viele Vorhaben darauf, finanziert zu werden, dasselbe gilt für notwendige staatliche Investitionen in die Gemeinwirtschaft und in den Transformationsprozess der Digitalisierung. Um diese Aufgaben erfüllen zu können, aber auch um alle –

unnotwendigen – Beschränkungen für die Realwirtschaft abzubauen, sollte sozialdemokratische Politik auch Vorreiter des Bürokratieabbaus sein.

Um nicht missverstanden zu werden: Das ist kein Plädoyer für einen schwachen Staat – im Gegenteil: Wir brauchen einen starken und wirkungsvollen Staat, der reguliert, wo es um den Schutz der Bürgerinnen und Bürger geht, der sich aber dort zurückzieht, wo Regulierung nicht unbedingt notwendig ist. Und wir brauchen einen Staat, der durch Abbau unnötiger Bürokratie finanziell stark genug ist, Investitionen insbesondere dann zu tätigen, wenn die wirtschaftliche Dynamik es benötigt. „Keynes statt Friedman" wird nur dann möglich sein, wenn es staatliche Effizienz gibt.

## 8. FÜR EIN STARKES EUROPA EINTRETEN

„Die europäische Idee war eine Antwort.
Es war die Antwort der zweiten Hälfte des 20. Jahrhunderts
auf die erste Hälfte des 20. Jahrhunderts."
MARTIN SCHULZ

Der Nationalstaat allein kann in einer globalisierten und digitalen Welt die Probleme des 21. Jahrhunderts nicht lösen. Wer sich aus der Solidargemeinschaft löst – wie derzeit Großbritannien –, wird wirtschaftliches und politisches Chaos ernten. Ein starkes Europa, das größte Friedensprojekt der Nachkriegszeit, ist die Voraussetzung, um Prosperität und technischen Fortschritt mit Wohlstand und sozialer Gerechtigkeit zu verbinden.

Diese Feststellung kann aber nicht darüber hinwegtäuschen, dass das heutige Europa tiefgreifende Reformen benötigt. Die wichtigste Aufgabe ist daher der Ausbau Europas hin zu einer echten Solidargemeinschaft.

Die folgende Statistik zeigt, warum diese Bemühungen so wichtig sind: Während das jährliche Pro-Kopf-Einkommen in der Eurozone in den Jahren 2007 (vor der Finanzkrise) bis 2016 mit 29.600 Euro annähernd gleich geblieben ist wie jenes von Frankreich mit 31.700 Euro, ist jenes von Italien von rund 28.500 Euro auf 25.900 Euro gefallen. Im gleichen Zeitraum ist hingegen das Pro-Kopf-Einkommen in der Bundesrepublik Deutschland von knapp über 32.000 auf 34.500 Euro angestiegen. Ähnlich verhält es sich bei den Zahlen zur Jugendarbeitslosigkeit. Während in der Bundesrepublik zahlreiche offene Stellen für Jugendliche nicht besetzt werden können, liegt die Jugendarbeitslosenrate heute in Italien, Spanien und Griechenland noch immer zum Teil weit über 20 Prozent. Keine Wirtschafts- und politische Staatengemeinschaft kann ohne Solidarmaßnahmen derartige drastische Ungleichheiten und die dadurch auftretenden wirtschaftlichen und politischen Spannungen auf Dauer bewältigen.

Ein anderes Thema, das in Angriff genommen werden muss, ist der Abbau der überbordenden Bürokratie – nicht zuletzt, um Ressourcen für einen „Marshallplan für Afrika“ freizumachen, ohne den die langfristige Lösung der Migrationsfrage nicht möglich sein wird.

Und noch eine Anmerkung zu Europa: Es kann keinen Kompromiss darüber geben, ob einzelne Mitglieder der Europäischen Union die europäischen Werte respektieren. Wir können nicht auf der einen Seite von jenen, die zu uns kommen, dies berechtigterweise verlangen, und andererseits Regierungen erlauben, diese Werte zu untergraben. Das letztlich inkonsequente Agieren der europäischen Staatengemeinschaft gegenüber dem Versuch der polnischen Machthaber, die Unabhängigkeit der polnischen Justiz aufzuweichen, sowie das Festhalten der Europäischen Volkspartei an einer Allianz mit Viktor Orbáns Fidesz ist genauso mit den Werten Europas unvereinbar wie das langjährige Hinwegsehen der europäischen Sozialdemokratie in Hinblick auf die Korruptionsvorwürfe in den sozialdemokratischen Parteien Bulgariens und Rumäniens.

1 „(...) der Westen (so zerbrechlich er heute scheint) muss die Tatsache anerkennen – und daraus lernen – dass das Management seiner Wirtschaft und Politik seit Jahren, wenn nicht Jahrzehnten, unzufriedenstellend ist. Der Westen hat sein Finanzsystem in einer riesigen Wirtschaftskrise auflaufen lassen. Er hat durchgehend zu wenig in seine Zukunft investiert. In wichtigen Fällen, besonders in den USA, hat er zugelassen, dass sich eine gähnende Kluft zwischen den wirtschaftlichen Gewinnern und Verlierern entwickelt hat."

2 „Wir müssen allen, die glauben, die Steigerung der Ungleichheit wäre unaufhaltsam, das Gegenteil beweisen. Wenn wir versagen, könnte es sein, dass die Ungleichheit am Ende auch die Demokratie niederstreckt."

3 „Die IMF-Analyse zeigt, dass Nicht-OECD-Staaten insgesamt Einnahmen in Höhe von 200 Milliarden US-Dollar pro Jahr verlieren, weil Unternehmen ihre Gewinne in Niedrigsteuerländer verschieben."

4 „Das Notwendige mag unmöglich sein, aber das Unmögliche ist notwendig."

5 „Regierungen müssen die ökonomischen Vorteile der Automatisierung und die negativen sozialen Auswirkungen miteinander ausgleichen. Die Fähigkeit, den Ausgleich durch Produkte zu bewerkstelligen, wird nicht nur vom Ausmaß abhängen, in dem die Wirtschaft der Automatisierung ausgesetzt ist, sondern auch von den Fähigkeiten der Regierungen, sich vorzubereiten und in Form von sozialen Sicherheitsnetzen und Umschulungsprogrammen für die Arbeitenden zu reagieren."

6 „Unsere Bildungssysteme müssen zumindest so weit umgerüstet werden, dass sie diese gefragten Fähigkeiten und Eigenschaften maximieren können: solide Grundfähigkeiten, was Schreiben, Lesen, Programmieren und Mathematik betrifft; Kreativität, kritisches Denken, Kommunikation und Zusammenarbeit."

# 3.
# EINE SOZIAL-DEMOKRATISCHE BIOGRAFIE

Es gab kein Ereignis, das mich mehr politisierte als der Putsch vom 11. September 1973 gegen die Regierung Salvador Allendes in Chile.

**ICH WURDE** in eine sozialdemokratische Familie hineingeboren, wenige Wochen nach Unterzeichnung des Staatsvertrages 1955. Gemeinsam mit meinem Zwillingsbruder Helmut wuchs ich bei meinen Großeltern auf. Mein Großvater war Drucker und leidenschaftlicher Gewerkschafter, sein Bruder Nationalratsabgeordneter der SPÖ aus Ottakring. So kam ich schon frühzeitig mit den sozialdemokratischen Ideen in Berührung. Zu meinen Großeltern kam einmal im Monat der Parteikassier und selten blieb er nur kurz, denn es gab stets einiges zu diskutieren. Meine erste politische Erinnerung stammt aus dem Jahr 1965, als der Wiener Bürgermeister Franz Jonas – ein gelernter Drucker wie mein Großvater – als Nachfolger von Theodor Körner in einer knappen Wahl gegen Ex-Bundeskanzler Alfons Gorbach zum Bundespräsidenten gewählt wurde. Damals habe ich meinen Großvater zum ersten Mal weinen gesehen: „Jetzt glaube ich auch, dass *wir* [er meinte die Arbeiter, Anm.] in dieser Republik angekommen sind“, waren seine Worte, die ich nie vergessen werde.

Nach meiner Schulzeit wurde ich mit 18 Jahren Mitarbeiter der Sektion 32 in Ottakring. Das war ungewöhnlich, denn normalerweise verlief die sozialdemokratische „Karriere“

folgendermaßen: zuerst Mitglied bei den Roten Falken, dann Mitarbeit bei der Sozialistischen Jugend (SJ) und erst danach der Umstieg ins „normale" Parteileben. Bei mir war es genau umgekehrt: Ich habe mich erst nach einem Jahr Sektionsleben auch in der SJ Ottakring engagiert. Die Matura legte ich an der AHS Maroltingergasse ab. Ich war von der zweiten Klasse an Klassensprecher. So lernte ich frühzeitig, dass an der Spitze zu stehen auch bedeutet, unangenehme Dinge tun zu müssen, wie Lehrer zu bitten, an bestimmten Tagen nicht zu prüfen. Nach der Matura wählte ich Psychologie als Haupt- und Soziologie und Pädagogik als Nebenstudienfächer. Dieses Paket war auch in politischer Hinsicht sehr interessant, vor allem das Fach Soziologie, da es praktisch keine Vorlesung gab, in der nicht die damals starke Gruppe der maoistischen Studenten (MLS) sich entweder mit den Trotzkisten (GRM) und/oder den Moskau-kommunistischen Studenten (KSV) Diskussionsduelle lieferten. Nicht zuletzt diese „Lehrstunden" in Marxismus-Leninismus haben wesentlich dazu beigetragen, mich inhaltlich immun gegenüber allen Formen des Kommunismus zu machen. Dies hielt mich aber nicht davon ab, bei Anti-Vietnam-Demonstrationen „Ho-Chi-Minh" oder „Nieder mit dem amerikanischen Imperialismus" zu rufen.

Es gab allerdings kein Ereignis, das mich mehr politisierte als der Putsch vom 11. September 1973 gegen die Regierung Salvador Allendes in Chile. Chile war der politische Versuch, in Lateinamerika eine demokratische Regierungsform, die die wirtschaftlichen Interessen der Arbeiter und Bauern in Lateinamerika im Fokus hatte, zu etablieren. Ganz Lateinamerika blickte mit großem Interesse auf dieses Experiment. Ein Gelingen hätte mit Sicherheit einige andere Länder des Kontinents dazu bewogen, einen ähnlichen – nämlich linken – politischen Weg zu beschreiten. Dies war nicht im Interesse der wirtschaftlich Mächtigen und auch nicht im Interesse der Regierung Nixon in den USA. Und so kam es mit nachgewiesener reger Unterstützung des CIA zu dem besagten Putsch, der auf Jahre hinaus das Ende vieler demokratischer Hoffnungen in Lateinamerika bedeutete.

Während des Studiums arbeitete ich jedes Jahr mehrere Monate als Ferialpraktikant in der Tabakregie. Das hatte neben dem Vorteil, dass man gutes Geld verdienen konnte, auch noch den Nebeneffekt, dass ich die reale Arbeitswelt kennenlernte. In einem Betrieb, der gewerkschaftlich organisiert war, mit stolzen Arbeitern. Studenten wurden grundsätzlich als „Gstudierte“ bezeichnet, was in keinster Weise als Kompliment gemeint war. Nur wenn man eine Zeit lang auch die schmutzigsten und unangenehmsten Hilfsarbeiterdienste ohne Murren übernahm, sich als arbeitstauglich erwies, wurde man in den Kreis derer aufgenommen, die gerne wiederkommen durften. Mir fiel es nie schwer, mich diesbezüglich anzupassen, die Sprache der Arbeiter zu sprechen und ich denke noch heute gerne an diese Zeit zurück.

1976 begann ich dann neben meinem Studium am Institut für Berufsbildungsforschung als wissenschaftlicher Assistent zu arbeiten. Ich wollte eine Dissertation über einen Schulversuch an Gesamtschulen schreiben und die Wirkung von Leistungsgruppen auf das soziale Lernen untersuchen. Ein ganzes Jahr lang reiste ich mit einem von mir entwickelten standardisierten Fragebogen zu zig Schulen in ganz Österreich, um empirische Daten für meine Dissertation zu sammeln. Leider wurde der Schulversuch nach einem Jahr eingestellt, sodass die ganze Arbeit umsonst war. Da ich zum letzten Jahrgang gehörte, der eine wissenschaftliche Doktorarbeit zur Erlangung eines akademischen Abschlusses verfassen musste, und ich keine Lust hatte, eine neue Dissertationsarbeit zu beginnen, war damit mein Studium beendet.

Anfang 1979 fing ich beim Pressedienst der SPÖ an, damals noch Sozialistische Korrespondenz (SK) genannt. Während der neun Monate bei der SK begleitete ich drei Landtagswahlkämpfe, schließlich auch den Nationalratswahlkampf 1979 und so kam ich mit Bruno Kreisky in Kontakt. Das war der berühmte Nach-Zwentendorf-Wahlkampf, welcher der SPÖ mit 51 Prozent der Stimmen ihren historisch größten Erfolg brachte. Kreisky war am Höhepunkt seiner Leistungskraft, auch seiner physischen. Er hatte – zumindest soweit erkennbar – noch kein Problem mit seinem Auge, auch nicht mit seinen Nieren. Bei meiner ersten Wahlkampfveranstaltung in Niederösterreich in Gänserndorf kam er zu mir und sagte: „Sie sind also der Neue! Passen Sie auf: Wann immer ich die Stimme erhebe und es dann wiederhole, das möchte ich, dass Sie schreiben." Das war Bruno Kreisky, wie er leibte und lebte. Oft wollte er am Ende des Tages vorgelesen bekommen, was man dann berichtet hatte. Er kommentierte es oft mit brummigen, aber meistens sehr positiven Worten. „Sie hören ja doch zu, Herr Kollege!"

Ich bezweifle, dass ich ein guter Journalist geworden wäre, die neun Monate bei der SK waren aber unheimlich interessant und mündeten in meiner Tätigkeit bei Fred Sinowatz. Hans Pusch, der damalige Pressesprecher von Unterrichtsminister Sinowatz, hatte mir angeboten, sein Nachfolger zu werden. Er selbst ging als Kulturattaché nach Teheran – in einer politisch extrem spannenden Zeit, hatte doch gerade Ruhollah Khomeini die Macht im Iran übernommen. Ich hatte Hans Pusch, der auch Mitglied des ORF-Kuratoriums war, kennengelernt, als mich der damalige Chefredakteur der SK, Hans Waschek, mit den Worten angerufen hatte: „Fahren Sie bitte sofort zum Küniglberg, im ORF-Kuratorium tritt der Intendant Podgorski gerade zurück." Es war mein erster Besuch im ORF und ich konnte damals noch nicht ahnen, dass ich viele Berufsjahre – zunächst sechs Jahre als

Kurator und dann acht Jahre als Generalsekretär unter Thaddäus Podgorski und später als Generalintendant im ORF – am Küniglberg verbringen würde.

## POLITISCHE VATERFIGUR SINOWATZ

Fred Sinowatz wurde in kurzer Zeit so etwas wie mein zweiter Vater. Ich arbeitete mit ihm zwischen dem 1. November 1979 und seinem Rücktritt als Kanzler im Frühsommer 1986 eng zusammen. Ich habe von ihm extrem viel gelernt. Er bewahrte immer die Ruhe, selbst in der schwierigsten Situation, und suchte stets nach der bestmöglichen Lösung. Seine Selbstanalyse hat mir stets Respekt abgerungen: Er nahm sich selbst nie wichtig, stellte immer das Resultat in den Vordergrund. Und manchmal entschied er auch wissentlich Dinge, die ihm persönlich schadeten, aber der Sache dienten.

Sinowatz stammte aus einfachen Verhältnissen und ist immer der geblieben, der er war. Deshalb gab es für ihn auch nie den Gedanken, von seinem burgenländischen Heimatort Neufeld nach Wien zu übersiedeln. Er übernachtete in den Jahren als Bundeskanzler vielleicht drei- bis viermal in Wien, nicht öfter. Ich kannte Sinowatz so, wie ihn wenige gekannt haben, als gebildeten und interessierten Historiker, als intellektuellen Vordenker, der sich nie in den Vordergrund gestellt hat. Er wollte auch nie Vizekanzler oder Kanzler werden. Vor beiden Weichenstellungen durch Kreisky hatte er versucht, andere vorzuschieben.

Sinowatz hatte eine gewisse Scheu vor Medien, speziell vor Fernsehkameras. Diese Unsicherheit bremste ihn. Er war unheimlich belesen, konnte aus dem Stehgreif Reden halten, wenn auch rhetorisch nicht immer brillant, aber dafür inhaltlich auf dem Punkt. Im Gegensatz zu vielen seiner Politikerkollegen schrieb er – mit Ausnahme der Regierungserklärungen – alle seine Reden selbst, und zwar nie ausformuliert, sondern in Stichworten. Ein Prinzip, das ich mir von ihm abgeschaut habe, denn eine gelesene Rede kann nie die Wirkung einer authentisch gesprochenen Rede erzielen.

Fred Sinowatz war ein Sozialdemokrat durch und durch. Die Sozialdemokratie war seine Heimat von Kindheit an. Er half mit, das Burgenland als SPÖ-Parteisekretär in den Sechzigerjahren politisch umzudrehen. Dadurch wurde Bruno Kreisky auf ihn aufmerksam. Als Unterrichtsminister in Kreiskys Regierungen 1971 bis 1983 zeichnete er für soziale Reformen im Bildungsbereich verantwortlich, erleichterte den Zugang zu den AHS, ließ viele neue höhere Schulen bauen, führte Schülerfreifahrt und Gratis-Schulbücher ein. Und er war ein begeisterter Kulturpolitiker: „Kultur für alle" war sein sozialdemokratisches Grundprinzip: „Jeder Mensch braucht Kultur zum Leben, wir müssen sie den Menschen nur in richtiger Form vermitteln." Für ihn bestand die Kulturpolitik aus dem Dreieck „Kultur für alle", „Freiheit der Kunst" und „Wir müssen die Kultur zu den Menschen bringen und nicht erwarten, dass die Menschen zur Kultur kommen."

Aber Sinowatz wollte nicht in der ersten Reihe der Politik stehen. Das hatte im Burgenland begonnen, wo er Theodor Kery im Jahre 1966 den Vortritt als Landeshauptmann ließ, obwohl Hans Bögl, der Alt-Landeshauptmann, Sinowatz als seinen Nachfolger wollte. Er wehrte sich auch zunächst dagegen, nach Hannes Androsch Vizekanzler zu werden. Im Unterrichtsministerium gab es damals eine große Telefonanlage mit Direktverbindung zu den anderen Ministerien und einer direkten Schaltung zum Bundeskanzleramt. Eines Abends 1981, in der besonders heiklen Phase der Auseinandersetzung zwischen Kreisky und Androsch, saß ich mit Sinowatz in seinem Büro, als Bruno Kreisky anrief und ihm mitteilte, er solle Vizekanzler werden. Ich wurde Zeuge, wie Sinowatz versuchte, Kreisky umzustimmen, und erst nach einigen Minuten nachgab.

Und er wurde 1983 schon gar nicht gerne Kreiskys Nachfolger als Bundeskanzler, wehrte sich auch dagegen bis zuletzt. Kreisky kürte ihn aber zum Nachfolger, auch weil er seine ursprünglichen „Kronprinzen" Hannes Androsch und Leopold Gratz vor Jahren verdächtigt hatte, ihn als Bundespräsidenten wegloben zu wollen. In Sinowatz sah Kreisky einen „roten Julius Raab", leutselig und populär. Sinowatz selbst wäre aber lieber in der zweiten Reihe geblieben und versuchte noch am Wahlabend, Leopold Gratz als Bundeskanzler vorzuschlagen. Doch Kreisky ließ keinen Zweifel aufkommen, dass er seine Nachfolgeentscheidung getroffen hatte, und die hieß Sinowatz. Auch die Koalition mit der FPÖ, die damals bereits von Norbert Steger geführt wurde, war von Kreisky vorbestimmt. Denn anders als bei den vorangegangenen Nationalratswahlen erhielt die SPÖ bei der Wahl im April 1983 nicht mehr die absolute Mandatsmehrheit und war daher auf einen Koalitionspartner angewiesen. So kam es zum Wechsel von einer sozialdemokratischen Alleinregierung zu einer Koalitionsregierung mit einer regierungsunerfahrenen kleinen Partei. Diese SPÖ-FPÖ-Koalition stand einer aggressiven großen Oppositionspartei gegenüber, die zum ersten Mal seit Langem bei einer Bundeswahl an Stimmen und Mandaten dazugewonnen hatte und deren Obmann Alois Mock dadurch sehr gefestigt war.

Keine einfache Ausgangsposition, die zusätzlich durch den Umstand erschwert wurde, dass der Koalitionspartner FPÖ von Anfang an intern zerstritten war. Jörg Haider, zuerst Kärntner Landesparteisekretär und dann Kärntner Parteichef der FPÖ, wollte selbst Bundesparteichef werden und ließ keine Gelegenheit aus, die Regierung zu kritisieren. Haider war ein gnadenloser Populist, der inhaltliche Positionen von einem Tag auf den anderen wechseln konnte. Ein nicht ungefährlicher politischer Unterhaltungskünstler, der mit einer Rücksichtslosigkeit agierte und keinerlei Scheu hatte, überwunden geglaubte Stimmungen in der Bevölkerung zu seinem politischen Nutzen zu verwenden. Um nicht missverstanden zu werden: Ich glaube nicht, dass Haider in seinem Innersten nationalsozialistisches Gedankengut vertrat – er wäre meines Erachtens auch Kommunist geworden, hätte er geglaubt, dass ihm dies politisch nutzen könne –, aber er hatte keinerlei Scheu, sich mit diesen Ideen und dieser Ideologie zu schmücken, wenn ihm dies genehm erschien. Jörg Haider war ein politisches Phänomen, das heute leider keine Seltenheit mehr ist, wie Donald Trump, Matteo Salvini und Boris Johnson beweisen. Damals jedoch hatte er ein Alleinstellungsmerkmal weit über Österreich hinaus.

## ROT-BLAUE PROBLEME

Norbert Steger und seine Minister mussten von der ersten Minute an einen doppelten Abwehrkampf führen: einerseits gegen die innerparteiliche Opposition, die von Monat zu Monat stärker wurde, und andererseits gegen die ÖVP. Die inhaltlich-taktische Haltung der SPÖ-Führung war, der FPÖ Erfolge im Wirtschaftsbereich zu überlassen und damit die Entwicklung der FPÖ in Richtung einer wirtschaftsliberalen Partei nach dem Beispiel der FDP zu unterstützen. Dies musste zwangsläufig zu Auseinandersetzungen mit den Gewerkschaften, insbesondere mit Sozialminister Alfred Dallinger, führen. Der Konflikt um die Frage der Geschäftsöffnungen in Grenzregionen am 8. Dezember war eine solche, die zu tiefen Wunden innerhalb der Koalition führte. Ich bin im Nachhinein überzeugt, dass es für beide Regierungsparteien besser gewesen wäre, diese Auseinandersetzung nicht zu führen und beschränkte Öffnungszeiten, insbesondere in Salzburg, zu erlauben. Die völlig unflexible Haltung von Sozialminister Dallinger hat sowohl der SPÖ als auch der FPÖ schwer geschadet. Dazu kam als besondere Belastungsprobe für die Koalition die Aufregung um den Empfang des begnadigten NS-Kriegsverbrechers Walter Reder, die ausgerechnet Verteidigungsminister Friedhelm Frischenschlager ausbaden musste, einer der wenigen wirklich Liberalen in der FPÖ. Es war einige Stunden nicht klar, ob die Regierung weiterarbeiten konnte, und Sinowatz musste viel Überredungskunst aufbieten, um Innenminister Karl Blecha und Verkehrsminister Ferdinand Lacina in der Regierung zu halten.

In der Öffentlichkeit wurden Sinowatz als Kanzler besonders zwei Formulierungen vorgehalten. In einer der Regierungserklärungen ging es darum, in der Präambel darauf hinzuweisen, dass die Welt, in der wir leben, vielschichtig und komplex ist und dass daher eine einfache „Schwarz-Weiß"-Sicht der Dinge nicht angebracht sei. Sinowatz hat dafür die Formulierung gewählt: „Ich weiß, das klingt alles sehr kompliziert", was zwar inhaltlich hundertprozentig richtig, aber taktisch ein Fehler war. Die zweite Formulierung war sein Satz: „Ohne Partei sind wir nichts". Für ihn war dies nichts anderes als ein Ausdruck seiner tiefen persönlichen Verbundenheit und auch Loyalität zur Sozialdemokratie. Die SPÖ war seine Heimat, sein ganzer Werdegang war mit ihr verbunden. Für ihn war diese Formulierung ein Bekenntnis, dass man auch seine persönlichen Ziele zurückstellen sollte, will man der sozialdemokratischen Bewegung dienen und ihren Zielen zum Durchbruch verhelfen. Es war ein Bekenntnis zum Team SPÖ, das nur als Team und nicht durch politische Aktionen einzelner Funktionäre gewinnen kann. Auf keinen Fall war damit gemeint: Oben sagt einer etwas und die unten haben zu kuschen. Das war nicht im

Geringsten sein Weltbild. Daher war er auch überrascht, wie sehr dieser Satz Häme und Widerstand außerhalb der Partei ausgelöst hat.

Es war bereits nach einigen Koalitionsmonaten klar, dass die Regierung Startschwierigkeiten hatte. Die ersten Umfrageergebnisse im Herbst 1983 zeigten, dass die ÖVP zumindest Kopf an Kopf mit der SPÖ war, wenn nicht sogar schon in der Gunst der Bevölkerung vorne lag. Mit ein Grund war sicherlich die Tatsache, dass nur ganz wenige in der SPÖ sich daran gewöhnen konnten, nicht mehr alleine alles entscheiden zu können. Und auf der anderen Seite eine FPÖ-Regierungsmannschaft stand, die keinerlei Regierungserfahrung hatte und glaubte, bei jeder einzelnen Regierungsentscheidung nicht nur mitreden, sondern auch mitentscheiden zu können, was ihrer Größe nicht annähernd entsprach. Die oftmals öffentlich ausgetragenen Meinungsverschiedenheiten trugen das Ihre dazu bei, dass sich die Beliebtheit der Regierung in Grenzen hielt.

## WEINSKANDAL, VERSTAATLICHTEN-KRISE, LUCONA UND NORICUM

Die politischen Krisen waren zusätzlich für das schlechte Bild der Regierung in der Öffentlichkeit verantwortlich. Während eines Staatsbesuches in Belgien „explodierte“ 1985 der sogenannte Weinskandal. Es hatte sich herausgestellt, dass es unter den meisten Weinbauern gang und gäbe war, Glykol in den Wein zu mischen – denselben Wirkstoff, der auch als Frostschutzmittel in Verwendung war. Dies führte zu einem De-facto-Exportstopp österreichischer Weine und zum finanziellen Bankrott vieler Weinbauern.

Obwohl die Regierung innerhalb kürzester Zeit ein neues, verschärftes Weingesetz erließ und damit eine Renaissance des österreichischen Weines einleitete, die nach einigen Jahren der gesamten Weinwirtschaft in Österreich zugutekam, wurde der Skandal in der öffentlichen Meinung den Regierungsparteien angelastet.

Die nächste Krisenentwicklung betraf die verstaatlichte Industrie. Es wurde immer schwieriger für die VOEST und alle anderen verstaatlichten Unternehmen die Sozialleistungen, die sie den starken Gewerkschaften in den Dekaden des Aufschwungs zugestanden hatten, in Einklang mit der internationalen Preisstruktur zu bringen. Um trotzdem Gewinne zu machen, um trotzdem weiter investieren zu können, hatten sowohl die VOEST als auch die Chemie Linz begonnen, an den Rohstoffbörsen zu handeln. Mit anderen Worten: Man begann auf Rohstoffpreisentwicklungen zu spekulieren. Das ging eine Zeit lang gut und es wurden damit auch beachtliche Gewinne erzielt, was die Verantwortungsträger dazu animierter, noch größere Spekulationswetten einzugehen. Eines Tages ging die Preisentwicklung jedoch in eine andere als die vorhergesehene Richtung und es mussten die buchhalterischen Konsequenzen für den Jahresabschluss gezogen werden. Erst damit wurden der Öffentlichkeit – und auch den meisten politisch Verantwortlichen – die Tatsache und das Ausmaß der Tradingaktivitäten bewusst, was angesichts der Größenordnung der Verluste naturgemäß zu einem Aufschrei nicht nur der Opposition, sondern auch aller Medien führte. Ein Aufschrei, der in allen Bevölkerungsschichten auf fruchtbaren Boden fiel. Es war für viele der Beweis, dass Sozialdemokraten nicht wirtschaften können.

In diesem Zusammenhang ist auch der sogenannte Noricum-Skandal zu erwähnen. Das VOEST-Tochterunternehmen Noricum hatte zwischen 1981 und 1983 – während des Iran-Irak-Krieges – Artilleriekanonen, die über eine Reichweite von über 45 Kilometern verfügen, verdeckt über Jordanien in den Irak geliefert und später via Libyen in den Iran. Dies war ein eklatanter Verstoß gegen das Waffengesetz, das noch unter Bruno Kreisky verabschiedet worden war und das dem Vertrieb von Waffen an kriegsführende Nationen einen Riegel vorschob. Dem Gesetz voraus ging eine Periode langer innerparteilicher Debatten zwischen denjenigen, die in erster Linie die Sicherung der Arbeitsplätze in der verstaatlichten Industrie im Auge hatten, und jenen, denen grundsätzlich Waffenproduktion und Waffenvertrieb aus sozialdemokratischer Sicht ein Dorn im Auge war. Aufgrund von Medienrecherchen und Berichten des österreichischen Botschafters in Griechenland, Herbert Amry, der zuvor Kabinettschef von Bruno Kreisky war, wurde die Lieferung der Kanonen an Libyen publik und eine Diskussion über die Frage entbrannte, ob nicht Libyen von Anfang an nur als Durchgangsstation gedacht war, um das Waffengesetz zu umgehen. Schließlich nahm sich auch die Justiz des Themas an und es wurden in der zweiten Hälfte der Achtzigerjahre Ermittlungen gegen das Management und die politisch Verantwortlichen eingeleitet. Das Thema erhielt zusätzliche mediale Brisanz, da Herbert Amry kurz nach Absenden einer Depesche, in der er Zweifel an Libyen als Zielland äußerte, an Herzversagen verstarb. Auch wenn absolut nichts auf Fremdverschulden hinwies, begann eine mediale Gerüchteküche, die die Regierung zusätzlich unter Druck setzte.

Viele Jahre später, Anfang der Neunzigerjahre – ich war zu dieser Zeit bereits in Deutschland tätig –, begann ein Prozess gegen mehrere Vorstände der VOEST und auch gegen die ehemaligen Regierungsmitglieder Fred Sinowatz, Leopold Gratz und Karl Blecha. Ich war als Zeuge bei diesem Prozess geladen und sagte damals aus, dass ich die Hand dafür ins Feuer legen würde, dass Fred Sinowatz beim Verkauf der Kanonen nach Libyen *nicht* darüber informiert war, dass das eigentliche Zielland der Iran sei. Ich bin auch heute noch hundertprozentig davon überzeugt, dass ich mit meiner Aussage recht hatte und er von den Verantwortlichen nicht eingeweiht worden war. Während die verantwortlichen Manager wegen Neutralitätsgefährdung verurteilt wurden, wurden Fred Sinowatz und auch Leopold Gratz vom Gericht von allen Vorwürfen freigesprochen. Der Prozess hat Fred Sinowatz und seine Familie jedoch seelisch enorm belastet. Er hat die Schmach, auf der Anklagebank zu sitzen, sein Leben lang nicht überwunden.

Ein anderes Thema, das jahrelang Medien und Regierung beschäftigte, war die Lucona-Affäre. Udo Proksch – Besitzer der weltberühmten k.u.k. Hofbäckerei Demel am Wiener Kohlmarkt und Enfant terrible der Wiener Gesellschaft – wurde vorgeworfen, Versicherungsbetrug begangen zu haben, indem er das Frachtschiff Lucona durch eine mit einer Sprengladung herbeigeführte Explosion im Pazifischen Ozean im Jahre 1977 zum Sinken gebracht hatte. Sechs Besatzungsmitglieder des Schiffes kamen dabei ums Leben. Udo Proksch behauptete, dass die Schiffsladung aus einer extrem wertvollen Uranwiederaufbereitungsanlage bestanden hätte, während die Bundesländerversicherung, bei der das Schiff auf mehr als 200 Millionen Schilling versichert war, und insbesondere das Wochenmagazin *Die Wochenpresse* und ihr Chefredakteur Gerald Freihofner darauf bestanden, dass es wertloser Schrott gewesen sei. Proksch war seit Beginn der Siebzigerjahre ein Unterstützer von Bruno Kreisky gewesen, hatte für dessen Wahlkampf 1979 eine Anzeigenserie initiiert und im Demel den „Club 45“ gegründet, der eine Art Salon für Künstler, Journalisten und Politiker war. Seine Nähe zum Wiener Bürgermeister Leopold Gratz und anderen Sozialdemokraten war bekannt.

Als die Hinweise auf einen Versicherungsbetrug immer größer wurden, ließ sich Leopold Gratz, der damals Außenminister war, darauf ein, dem ersten Anschein nach Proksch entlastende Dokumente per Sonderkurier aus der österreichischen Botschaft in Rumänien einzufliegen. Für viele Bekannte Prokschs, auch innerhalb der sozialdemokratischen Regierungsmannschaft, war es unvorstellbar, dass er wissentlich Menschenleben aufs Spiel gesetzt haben sollte. Die häufige Verteidigung seiner Person hatte zur Folge, dass die Lucona-Affäre letztlich als SPÖ-Affäre angesehen wurde. Als er schließlich vor Beginn seines Prozesses flüchtete, um auf den Philippinen Unterschlupf zu finden, wurde dies nicht nur als Schuldeingeständnis gewertet, sondern traf medial insbesondere die SPÖ. Nachdem ein parlamentarischer Untersuchungsausschuss im Jahr 1988 eingesetzt worden war, traten in der Folge Nationalratspräsident Leopold Gratz und Innenminister Karl Blecha zurück.

## DER KONFLIKT VON HAINBURG

Schließlich ist auch die Auseinandersetzung um das geplante Donaukraftwerk Hainburg zu erwähnen. Durch die Gesetzeslage in Niederösterreich war ein Baubeginn nur während weniger Wochen im Jahr möglich, im konkreten Fall zwischen Mitte November 1984 und Ende Jänner 1985. So war es für alle Gegner von Hainburg klar, dass sie nur die Rodung der Au während dieser Wochen verhindern müssen, um letztlich den gesamten Bau zu verunmöglichen. Die Besetzung der Au durch mehr als tausend Hainburg-Gegner war eine logische Folge dieser Strategie.

Die Anti-Hainburg-Koalition bestand auf der einen Seite aus Umweltschützern und zumeist jungen, durchaus fortschrittlichen Idealisten aus der Studentenbewegung und andererseits aus zum Teil sehr konservativ denkenden Menschen. Unterstützt von einer massiven Kampagne der *Kronen Zeitung*, die täglich gegen den Bau des Wasserkraftwerkes anschrieb, entwickelte sich eine beachtliche Bewegung, die politisch enorme Kraft besaß. Ähnlich wie bei

Zwentendorf agierte die große Oppositionspartei ÖVP ausschließlich nach taktischen Kriterien. Obwohl sie ihrem Wirtschaftsprogramm entsprechend eine Pro-Hainburg-Haltung einnehmen hätte müssen, schlugen sich die meisten ÖVP-Politiker aus rein taktischen Überlegungen auf die Seite der Hainburg-Gegner. All dies zusammen führte – wie bei Zwentendorf – zu einer starken Spaltung der öffentlichen Meinung.

Die Bewegung hatte mit Günther Nenning und Freda Meissner-Blau auch zwei Exponenten, die aus der Sozialdemokratie kamen und mit dem Thema eine politische Debatte über das kapitalistische Wirtschaftssystem entfachen wollten. Nach dem Motto „Wirtschaftlicher Aufschwung ist nicht alles, die Sozialdemokratie muss sich auch um immaterielle Werte wie Umweltschutz und Lebensqualität kümmern." So kam es zur Machtprobe zwischen dieser breiten Bewegung und der Gewerkschaft, die Tausende Bauarbeiter mobilisiert hatte, mit denen sie die Blockade der Au auflösen wollte. Man kann sich vorstellen, dass das nur mittels Anwendung von Gewalt zu erreichen gewesen wäre. Dazu kam, dass schon zu Beginn der Besetzung ein Versuch der Polizei gescheitert war, die Au zu räumen. In dieser heiklen Situation waren sich Bundeskanzler Sinowatz und Innenminister Blecha einig, dass eine gewalttätige Auseinandersetzung unter allen Umständen vermieden werden musste. Gegenüber der Spitze der Gewerkschaft erklärten sie unisono, dass sie im Falle eines Marsches der Bauarbeiter in die Au unmittelbar von ihren Ämtern als Bundeskanzler und Innenminister zurücktreten würden. Mit dieser Drohung gelang es ihnen schließlich, die Gewerkschaft von dem geplanten Einmarsch abzubringen. Die Folge war ein verhandelter „Weihnachtsfriede", eine Idee von Sinowatzs Kabinettschef Hans Pusch, der die Abkehr vom Projekt Hainburg einleitete.

Auch wenn ich im Gegensatz zu meiner negativen Einstellung zum Atomkraftwerk Zwentendorf damals nicht zu den Hainburg-Gegnern gehörte, bin ich heute der Überzeugung, dass der Nichtbau des Wasserkraftwerkes die richtige Entscheidung war. Erstens weil ein Eingriff in eine Naturlandschaft dieser Größe grundsätzlich nur dann zu rechtfertigen ist, wenn es dafür eine absolute Notwendigkeit gibt (die damalige Argumentation der Befürworter des Kraftwerkes, dass es für die Stromversorgung Österreichs unabdingbar sei, hat sich als Falschprognose erwiesen), und zweitens weil der Bau zu einer Radikalisierung und Spaltung der Gesellschaft geführt hätte. Österreich hat sich mit der Entscheidung, auf das Wasserkraftwerk zu verzichten, jahrelange Auseinandersetzungen wie etwa jene beim Bau der dritten Flughafenpiste in Frankfurt erspart.

## SALCHER GEGEN ANDROSCH

Eines der großen ungelösten Probleme der SPÖ, das die Partei jahrelang beschäftigte, war der Konflikt zwischen dem amtierenden Finanzminister Herbert Salcher, einem Kreisky-Vertrauten, und seinem Vorgänger Hannes Androsch. Ein Konflikt, der seinen Ausgang in der Auseinandersetzung Kreisky-Androsch hatte und der auch nach dem Ausscheiden von beiden aus der Regierung nicht an Schärfe verlor. Sinowatz hatte stets ein sehr gutes Verhältnis zu Androsch. In der Regierungszeit Bruno Kreiskys hatte er immer versucht, neutral zu bleiben. Ihm war die Loyalität zu Bruno Kreisky wichtig, aber er hatte auch enormen Respekt vor den Fähigkeiten von Hannes Androsch, vor seinem Wissen, seiner klaren politischen Strategie. Sinowatz war überzeugt, dass Hannes Androsch ein guter Bundeskanzler geworden wäre.

Mit dieser Haltung glaubte er, den Konflikt zwischen Hannes Androsch und Herbert Salcher durch zahlreiche

Gespräche mit beiden zumindest eindämmen zu können. Als letztendlich Herbert Salcher Hannes Androsch wegen Steuerhinterziehung anzeigte, war Sinowatz' Geduld am Ende. Er war von beiden zutiefst enttäuscht. Dies bestärkte ihn in seiner Ansicht, dass der Zeitpunkt gekommen war, eine große Regierungsumbildung ins Auge zu fassen. Herbert Salcher wurde als Finanzminister durch Franz Vranitzky, einem früheren Mitarbeiter von Hannes Androsch und späterem Vorstandsmitglied der CA und Generaldirektor der Länderbank, ersetzt. Sinowatz berief außerdem den Wiener Bürgermeister Leopold Gratz als Außenminister, Ferdinand Lacina als Verkehrs- und Verstaatlichtenminister, die Wiener Stadträtin Gertrude Fröhlich-Sandner als Familienministerin, Herbert Moritz als Unterrichtsminister und ORF-Informationsintendant Franz Kreuzer, einen anerkannten Intellektuellen, als Umweltminister in die Regierung. Die Ablöse Salchers als Finanzminister stieß erwartungsgemäß auf den erbitterten Widerstand von Bruno Kreisky, der damals auch Ehrenvorsitzender der SPÖ war. Erst später gelang es Franz Vranitzky, das Verhältnis zwischen Kreisky und Sinowatz wieder zu kitten.

Die Regierungsumbildung im September 1984, die gleichzeitig Helmut Zilk zum Wiener Bürgermeister machte, gaben der SPÖ und auch Fred Sinowatz zumindest für einige Zeit Rückenwind. Helmut Zilk als Wiener Bürgermeister war ein Segen für die SPÖ, alle neuen Minister und Ministerinnen machten eine gute Figur und insbesondere das weltmännische und professionelle Agieren von Franz Vranitzky stärkte die Regierung. Erstmals seit Beginn der Kanzlerschaft gab es auch eine gute Presse für Fred Sinowatz, und die Regierungsumbildung galt als voller Erfolg.

Die Regierung Sinowatz II war eine starke Regierung. Neben den neuen Mitgliedern waren Heinz Fischer als Wissenschaftsminister und Karl Blecha als Innenminister die

Stützen der Regierung. Und auch ein politischer Erfolg gelang. Mit der Einführung von bleifreiem Benzin und der Förderung von Abgas-Katalysatoren im Jahre 1985 gelang der Regierung ein umweltpolitischer Volltreffer und Österreich nahm mit diesen Maßnahmen eine Vorreiterrolle in Europa ein.

## DIE WALDHEIM-AFFÄRE

1986 war nach zwölf Jahren der Bundespräsidentschaft Rudolf Kirchschlägers ein neuer Bundespräsident zu wählen. Die ÖVP hatte in einem Blitzcoup den amtierenden UNO-Generalsekretär Kurt Waldheim zu ihrem Kandidaten ernannt, die SPÖ den in allen Schichten der Bevölkerung beliebten Gesundheitsminister Kurt Steyrer. Nur wenige gaben trotz seiner Beliebtheit dem SPÖ-Kandidaten eine Chance, da Waldheim eine zumindest dem Anschein nach ideale Biografie – Außenminister und UNO-Generalsekretär – für einen Bundespräsidenten aufwies. Waldheim galt als international renommiert, er war Diplomat und wurde nicht als Parteimann wahrgenommen. Insofern konnte er sich darauf verlassen, dass man ihm mehr oder minder dieselben Attribute wie Kirchschläger zuschrieb, der über eine große Popularität verfügte.

Zum Zeitpunkt der Ernennung der Kandidaten konnte noch niemand ahnen, welche Dramatik dieser Wahlkampf entwickeln würde. Es begann damit, dass zu Beginn des Wahlkampfes einige Journalisten die Karriere und Biografie Waldheims recherchierten. Sie verglichen sein selbstverfasstes Buch mit alten Zeitungsarchiven und kamen rasch zur Überzeugung, dass Waldheim Abschnitte, die seine Zeit als Soldat im Zweiten Weltkrieg betrafen, verschwiegen hatte. Während er selbst in seinem Buch angegeben hatte, dass eine Kriegsverletzung das Ende seines Kriegseinsatzes zur

Folge hatte, kamen immer mehr Dokumente zum Vorschein, die belegten, dass er seine Tätigkeiten als Offizier der Wehrmacht von 1942 bis 1944 in seiner biografischen Aussage ausgelassen hatte.

Doch statt der Schlagzeile „Waldheim hat gelogen", veröffentlichte die *New York Times* einen Artikel mit der Schlagzeile „Ex-UN-Generalsekretär Waldheim – ein Kriegsverbrecher?" Dies war der Beginn eines Wahlkampfes, den Österreich in dieser Form noch nie erlebt hatte. Zehntausende internationale Artikel und Fernsehberichte waren die Folge, die zumeist Waldheim Kriegsverbrechen unterstellten. Höhepunkt war das von der Regierung Reagan verhängte Einreiseverbot in die USA. Österreichs internationale Reputation war innerhalb weniger Wochen schwer beschädigt, das jahrzehntelange erfolgreiche Bemühen aller Regierungen seit dem Zweiten Weltkrieg, Österreichs Renommee im Ausland zu stärken, war mit einem Male dahin. Die Zuspitzung des Waldheim-Wahlkampfes mit Slogans und Plakaten, die teilweise unverhohlen antisemitische Vorurteile ansprachen, trug das Ihre dazu bei.

Bis heute hält sich die konservative Dolchstoßlegende, der Kabinettschef von Fred Sinowatz, Hans Pusch, hätte die Affäre ins Rollen gebracht. Das ist schlicht und einfach unwahr. Hans Pusch kann man viel vorwerfen, aber sicherlich nicht, dass er politisch-taktisch ein Dummkopf war. Es war für ihn und alle Beteiligten nach dem *New York Times*-Artikel klar, dass diese Polarisierung Kurt Waldheim wenn schon nicht nutzen, dann auch nicht schaden werde. Die Nachwahlumfragen haben dann auch deutlich gemacht, dass der Wahlkampf zwar eine signifikante Wählerbewegung verursacht hatte, die aber das Endergebnis nicht veränderte. Der Anzahl der Menschen, die Kurt Waldheim aufgrund der Veröffentlichung seiner wahren Biografie die Stimme entzogen, stand die gleiche Anzahl Wählerinnen und Wählern gegenüber, die sich entschlossen hatten, aufgrund der Diskussion ihre Stimme ihm zu geben.

Fred Sinowatz stand als Parteivorsitzender der SPÖ im Zentrum der Polarisierung des Wahlkampfes. Sein Bonmot nach einem Ministerrat, „Wir nehmen zur Kenntnis, dass nicht er [Waldheim] bei der SA war, sondern sein Pferd bei der SA gewesen ist", wurde von einem Teil der Bevölkerung mit Empörung, vom anderen Teil mit zustimmendem Schmunzeln aufgenommen. Ihm war klar, dass er im Falle eines Wahlsieges von Waldheim nicht länger Bundeskanzler bleiben könne. Er war überzeugt, dass es im Interesse des Landes, aber auch der SPÖ, einen Neuanfang geben müsse. Schon einige Wochen vor dem Wahlsieg Waldheims im Juni 1986 hatte er begonnen, mit Franz Vranitzky über seine Nachfolge zu sprechen. Und noch in der Wahlnacht hatte er die Übergabe zuerst in einer Parteipräsidiumssitzung vorgeschlagen und am nächsten Tag bekanntgegeben. Sinowatz blieb ganz bewusst noch zwei Jahre Parteichef. Die Trennung von Parteichef und Bundeskanzler war für die SPÖ eine neue Situation. Im Gegensatz zur SPD in den Siebzigerjahren mit dem Führungsduo Willy Brandt/Helmut Schmidt war sie allerdings ein Erfolg. Nicht zuletzt weil Sinowatz keine wie immer gearteten politischen Ambitionen hatte. Sein einziges Ziel war es, Franz Vranitzky in der Partei den Rücken freizuhalten, bis dieser auch innerparteilich so gestärkt war, dass er das Amt des Parteivorsitzenden übernehmen konnte.

## VON SINOWATZ ZU VRANITZKY

Der Wechsel von Sinowatz zu Vranitzky brachte eine deutliche Entspannung der politischen Situation. Vranitzky hatte Charisma, war rhetorisch eloquent und verfügte über eine große Portion Gelassenheit. Man fühlte sich sicher unter seiner Führung und er wurde innerhalb kürzester Zeit zum politischen Ruhepol Österreichs. Eine Eigenschaft, die die Österreicherinnen und Österreicher gerade nach dem konfliktreichen Wahlkampf äußerst schätzten, was sich auch schon nach kurzer Zeit in den Umfragen niederschlug. Sein Auftreten im Ausland als erster Repräsentant Österreichs – Waldheim wurde ja von kaum einem Land zu einem Staatsbesuch eingeladen – war von großer Zustimmung getragen. Insbesondere sein USA-Besuch mit vielen Fernsehinterviews in perfektem Englisch überzeugte eine Mehrheit der Bevölkerung, dass er die richtige Wahl sei.

Historisch muss man Fred Sinowatz zuschreiben, dass er den Übergang zu Vranitzky strategisch perfekt vollzogen hat. Es gibt wenige Beispiele in der politischen Geschichte für einen derartig erfolgreichen Wechsel aus einer bereits verloren geglaubten Position heraus. Dass die SPÖ nach der Ära Kreisky und nach der Kanzlerschaft von Fred Sinowatz noch weitere 14 Jahre den Bundeskanzler stellte, ist neben der Person Franz Vranitzky vor allem Fred Sinowatz zuzuschreiben.

Ich blieb auch unter Franz Vranitzky im Kanzleramt und teilte mir mit Karl Krammer die Arbeit als Pressesprecher. Es dauerte nicht lange, eine echte Vertrauensbasis zum neuen Kanzler herzustellen, und ich blicke noch heute gerne auf die sechs Monate der Tätigkeit für ihn zurück.

Die erste Herausforderung war das Aus der Koalition mit der nun von Haider geführten FPÖ. Norbert Steger war zwar stets ein loyaler Partner gewesen, hatte es aber nie geschafft, seine Partei auf einen wirtschaftsliberalen Kurs zu bringen. Die Tatsache, dass Norbert Steger bis zum Rücktritt von Heinz-Christian Strache einer seiner glühendsten Verfechter war, verwundert viele seiner Weggefährten. Einen Tag nach der Wahl Haiders zum FPÖ-Parteivorsitzenden im September 1986 wurde der damalige Justizminister Harald Ofner bei Vranitzky vorstellig und überbrachte seine Botschaft, dass die Koalition weitergeführt werden sollte. Doch Vranitzky hatte sich bereits entschieden. Er konnte und wollte nicht mit einer FPÖ unter Jörg Haider weiterregieren, da er ihn zu Recht als unzuverlässigen Partner einschätzte. Am Abend nach der Wahl von Jörg Haider trafen sich im Hause Vranitzky die führenden Politiker der SPÖ und gaben ihm einstimmig freie Hand, die Koalition zu beenden. Damit war klar: Es kommt zu Neuwahlen.

Mit dem Kanzlerwechsel erreichte die SPÖ im November 1986 doch noch Platz eins bei der Nationalratswahl, sie bekam 43 Prozent gegenüber den 41 Prozent der ÖVP. Überraschend erhielt die FPÖ mit einem populistischen Wahlkampf fast 10 Prozent der Stimmen – ein Vorgeschmack auf die späteren Jahre. Vranitzky schloss eine große Koalition mit Alois Mock, der am Wahlabend noch vergeblich versucht hatte, seiner Partei eine Koalition mit Haider und der FPÖ schmackhaft zu machen.

Den Wahltag erlebte ich noch als Kanzlersekretär, aber kurz danach, Ende November des Jahres 1986, wechselte ich zum ORF auf den Küniglberg. Im Sommer war mit Unterstützung der SPÖ Thaddäus Podgorski anstelle von Gerd Bacher zum Generalintendanten gewählt worden und dieser hatte mich, der ich seit bereits sechs Jahren Mitglied des ORF-Kuratoriums war (die damalige Bezeichnung für den heutigen Stiftungsrat), als Generalsekretär engagiert.

Die sieben Jahre zuerst im Unterrichtsministerium und danach im Bundeskanzleramt waren wertvolle Lehrjahre für mich, nicht nur in politischer Hinsicht. Als politischer Sekretär ist man „Mädchen für alles“ und muss sich oftmals in Themenkreise einarbeiten, die einem zu Beginn völlig fremd sind. So konnte ich mir großes Wissen über so verschiedene Themenbereiche wie Wirtschaftspolitik, Umweltangelegenheiten, den Landesverteidigungsplan und die Kultur- und Bildungspolitik aneignen. Ich lernte Bilanzen zu lesen, mein schlechtes Schulenglisch zu perfektionieren und

Kommunikationsstrategien zu entwickeln – alles Fähigkeiten, die mir in meinen späteren Jobs sehr geholfen haben. Trotz des Endes meiner Tätigkeit im politischen Bereich bin ich bis zum heutigen Tag ein politisch interessierter und politisch denkender Sozialdemokrat geblieben.

# 4.
# MEDIEN ALS PROFESSION

Gerade die internationale Sicht der Dinge hat mich mehr denn je zu einem überzeugten Sozialdemokraten gemacht. Wer erlebt, wie die Welt außerhalb Österreichs aussieht, kann aus meiner Sicht nur eine sozialdemokratische Vision vertreten.

**DER WECHSEL** zum ORF in die Position des Generalsekretärs war mein erster Schritt von der Welt der Politik in die Welt des Managements. Zwischen 1986 und 1990 erfolgten die ersten zarten Reformen des bis dahin de facto als Monopol agierenden Unternehmens, um für die sich abzeichnende Konkurrenzsituation gewappnet zu sein. Der Erfolg des ersten Privatradios, Antenne Steiermark, das als einziges Privatradio eine Sendeerlaubnis erhielt, war ein deutliches Zeichen, dass Ö3, schon damals die Cashcow des ORF, von Grund auf reformiert werden musste, um gegen die neue Konkurrenz der Privatradios in allen neun Bundesländern bestehen zu können. Die Einspeisung des ersten ausländischen TV-Programms – ein Musiksender – in das Wiener Kabelnetz, stark unterstützt durch den Wiener Bürgermeister Helmut Zilk, war ein weiteres Anzeichen einer sich verändernden Medienwelt, die meinen neuen Job äußerst interessant gestaltete.

Ich habe im Übrigen meine Position nie als verlängerten Arm der Politik gesehen. Im Gegenteil: Sowohl als Generalsekretär als auch später als Generalintendant war es mir herzlichst egal, ob und wenn ja bei welcher Partei die Mitarbeiterinnen und Mitarbeiter des ORF waren.

## NEINSAGEN ALS TÄGLICHE HERAUSFORDERUNG

In meiner ersten ORF-Periode zwischen 1986 und 1990 als Generalsekretär unter Thaddäus Podgorski war ich für alle Personal- und Organisationsangelegenheiten, die Kommunikation zu den Gremien sowie für Öffentlichkeitsarbeit zuständig. Ein Schwerpunkt waren die Verhandlungen mit den Betriebsräten, die seit jeher – auch durch die Tatsache, dass sie Zünglein an der Waage bei der Wahl des Generalintendanten waren – eine sehr starke Stellung im ORF hatten. Jedenfalls lernte ich damals sehr schnell, dass Neinsagen zum täglichen Geschäft einer Führungsposition gehört. Als Generalintendant Podgorski 1990 die Intendanten Johannes Kunz und Wolfram Marboe auswechseln wollte, weil sie aus seiner Sicht zu wenig zum Umbau des Unternehmens beitrugen, sah die ÖVP eine Möglichkeit, ihn zu stürzen und wieder Gerd Bacher zu installieren, der bereits von 1967 bis 1974 das Amt des ORF-Generalintendanten innehatte. Sie tat das mit der Unterstützung der SP-Betriebsräte, die Podgorski nicht verziehen, dass er sich gegen ihre Mitwirkung bei der Wahl des Generalintendanten ausgesprochen hatte.

Als Gerd Bacher wieder Generalintendant des ORF wurde, war es für mich Zeit, den ORF zu verlassen. Ich bin heute sehr froh, dass er mir nicht angeboten hatte, Generalsekretär zu bleiben, da es mir dann schwer gefallen wäre zu gehen. Ich erhielt zwar von ihm ehrenwerte Angebote, wie etwa Ö3-Chef oder Landesintendant des Burgenlandes zu werden, aber dies hielt mich nicht davon ab, mein Glück beim Privatfernsehen in Deutschland zu suchen.

Mein erster Job in Deutschland war die Chefposition bei Tele 5 in München, dem nach RTL, SAT 1 und PRO 7 vierten privaten Fernsehsender. Die Aufgabe war es, den Sender, der als Musiksender begonnen hatte, zu einem Vollprogramm auszubauen. Eine für mich völlig neue Aufgabe, da ich ja zuvor noch nie an der Spitze eines Unternehmens gestanden war. Aber genau das – nämlich etwas Neues zu gestalten – hat mich stets fasziniert. „Get out of your comfort zone" ist auch heute noch einer meiner Ratschläge an junge Mitarbeiter.

Die Arbeit war nicht nur spannend, sie war auch erfolgreich. Zu Beginn des Jahres 1991 hatten wir für das ganze Jahr Werbebuchungen von 15 Millionen Mark. Im Juli 1992, als ich den Sender verlassen habe, hatten wir 150 Millionen Mark an Werbeeinnahmen. Es war die erste Hochphase des Privatfernsehens. Aber die Gesellschafter von Tele 5 hatten letztlich zu wenig Geduld und sie waren auch zu uneins. So war es auch kein Zufall, dass im Sommer 1992 die konkurrierende Kirch-Gruppe – Eigentümer von SAT 1 und PRO 7 – den Sender um den zehnfachen Betrag im Vergleich zu seinem Wert zwei Jahre zuvor erwarb.

Dies war aber nicht das Ende meiner Karriere in Deutschland. Ich wurde sofort nach Beendigung meiner Tätigkeit bei Tele 5 als Geschäftsführer von RTL 2 in Köln engagiert. Dort begann ich mit einer Mannschaft von 28 Personen den Sender aufzubauen und nach neun Vorbereitungsmonaten im März 1993 zu starten.

Diese nach ORF und Tele 5 dritte Station meiner Medienkarriere erforderte von mir persönlich ein starkes Engagement und vor allem lernen, lernen, lernen. Ob es das Ausverhandeln von fünfzigseitigen englischen Satellitenverträgen oder die Sicherstellung von beheizten Containern für die Mitarbeiter war, es blieben angesichts der geringen Größe des Teams viele Aufgaben beim Geschäftsführer selbst hängen. Aber genau die Unterschiedlichkeit der Aufgaben der drei Jobs – Management in der zweiten Ebene in einem großen öffentlich-rechtlichen Unternehmen; Transformation eines mittelständischen Senders mit mehr als hundert

Mitarbeiterinnen und Mitarbeitern und schließlich eine Start-up-Aufgabe bei RTL 2 – gaben mir eine Breite an Erfahrung, Wissen und Fähigkeiten, die vielen meiner Kolleginnen und Kollegen fehlte.

## GENERALINTENDANT AM KÜNIGLBERG

Anfang 1994 bewarb ich mich für den Posten des Generalintendanten des ORF. Gerd Bacher hatte klargemacht, dass er nicht mehr kandidieren würde, und ich fühlte mich trotz meiner jungen Jahre – ich war bei der Abgabe der Bewerbung noch nicht einmal 39 Jahre alt – erfahren genug, um die Transformation vom „Monopolunternehmen zum Marktführer" (Copyright Gerd Bacher) abzuschließen. Mit Gerd Bacher hatte ich während meiner Zeit in Deutschland viel Kontakt. Unser Verhältnis war ein ausgezeichnetes, und auch wenn er sich in Bezug auf seine Nachfolge jeder öffentlichen Stellungnahme enthielt, wusste ich doch, dass er meine Kandidatur mit Wohlwollen verfolgte.

Die Aufgabenstellung für jeden neuen Generalintendanten war einfach zu beschreiben: Er musste das Unternehmen, das im Gegensatz zu den deutschen öffentlich-rechtlichen Sendern die Hälfte seiner Einnahmen aus der Werbung erwirtschaftete, konkurrenzfähig machen. Hätte der ORF auch nur annähernd so viel an Werbeeinnahmen verloren wie seine deutschen Kollegen ARD und ZDF, wäre das Unternehmen in seiner Größe nicht aufrechtzuerhalten gewesen. Das neue Unternehmenskonzept, das viele Journalisten später als Verkommerzialisierung kritisierten, war schlicht und einfach aus der wirtschaftlichen Notwendigkeit heraus geboren. Die Tatsache, dass auch heute noch – 25 Jahre später – viele Sendungen, die damals das Licht der Welt erblickten, im Programm des ORF zu finden sind, zeigt, dass so viel an der Senderreform nicht falsch gewesen sein kann.

Letzten Endes wurde ich mit 32 von 35 Stimmen zum Generalintendanten gewählt, hatte also nicht nur die Stimmen der SP-Vertreter, sondern auch jene der ÖVP erhalten. Wesentlich dazu beigetragen hat der damalige VP-Parteichef Erhard Busek, der schon frühzeitig positive Signale zu meiner Kandidatur ausgesandt hatte. Dass ich auch die Macht der Betriebsräte beschnitt, indem ich den allmächtigen Ex-Zentralbetriebsrat und Technischen Direktor Heinz Doucha hinauswarf, hat mir von Anfang an nicht nur den Respekt der VP-Kuratoriumsvertreter und von Gerd Bacher, sondern vor allem auch eines Großteils der Belegschaft gesichert. Die Zeit der Allmacht der Betriebsräte im ORF war vorbei.

Die Tätigkeit als Generalintendant zwischen 1994 und 1998 war eine der schönsten beruflichen Aufgaben in meinem Leben. Nach den ersten Erfolgen sowohl in programmlicher als auch finanzieller Hinsicht war ich mir ziemlich sicher, für eine zweite, vielleicht sogar eine dritte Periode an der Spitze des Unternehmens zu stehen. Doch ich hatte die Rechnung ohne den „politischen" Wirt gemacht. Ließ man mich in den ersten beiden Jahren ohne großen politischen Druck das Unternehmen führen, wurde ab Mitte des Jahres 1996 – nachdem Wolfgang Schüssel zum Parteiobmann der ÖVP gewählt worden war – der politische Druck, vor allem von Seiten der ÖVP, immer stärker. Und dies betraf nicht nur den Versuch die Themen der Nachrichtensendungen zu beeinflussen – ein für die Journalisten des ORF gewohnter Vorgang, der in der Regel von allen politischen Parteien versucht wird und unschwer abgewehrt werden kann, solange das Management hinter den Journalisten steht –, sondern insbesondere über die Personalbesetzung auf den Leitungsebenen unter der Geschäftsführung zu bestimmen.

Als ich auch noch zur Überzeugung gelangte, dass nach der nächsten Wahl die ÖVP mit der FPÖ koalieren und dies die Arbeitsbedingungen für jeden Generalintendanten deutlich negativ beeinflussen würde, stand für mich der Entschluss fest, 1998 nicht für eine zweite Periode zu kandidieren und stattdessen wieder beruflich nach Deutschland zu gehen. Die Gesellschafter von RTL hatten mich Ende 1997 kontaktiert und mir den Job des Geschäftsführers von RTL Deutschland als Nachfolger des legendären RTL-Gründers Helmut Thoma angeboten. Das machte mir die Entscheidung leicht.

Apropos ÖVP-FPÖ-Koalition: Während eines Mittagessens mit dem späteren ÖVP-Klubobmann Andreas Khol und dem damaligen Hörfunkintendanten und Generalsekretär Gerhard Weis – einige Wochen vor meiner Ankündigung, den ORF nach Ende meines Vertrages zu verlassen – äußerte ich meine Überzeugung, dass ÖVP und FPÖ nach der nächsten Wahl, die für Herbst 1999 angesetzt war, eine Koalition bilden würden. Andreas Khol wies diesen Gedanken fast empört zurück. Das könne er zu hundert Prozent ausschließen. Wir vereinbarten, dass der Verlierer dieser Wette ein Abendessen zu bezahlen hätte. Auf die Einlösung der Wettschuld warte ich heute noch.

## VON DEUTSCHLAND IN DIE USA

Meine weiteren beruflichen Stationen führten mich zunächst wieder nach Deutschland, wo ich von Herbst 1998 bis Februar 2005 Geschäftsführer von RTL Deutschland, der größten Privatsendergruppe Deutschlands, wurde. Das Ziel bei RTL Deutschland war klar und einfach zu definieren: RTL sollte auf der einen Seite weiter die klare Nummer eins in Deutschland bleiben, aber andererseits auch einen höheren Gewinn schreiben. Auch wenn der Unternehmenszweck eines Privatunternehmens ein anderer ist als jener eines öffentlich-rechtlichen, fiel mir der Umstieg zwischen den

Systemen nicht schwer, da ich ja schon zum zweiten Mal vom ORF zu einem deutschen Privatsender wechselte. Im Gegenteil: Das Wissen um die Stärken und Schwächen beider Systeme half mir, die jeweils richtige Unternehmensstrategie auszuarbeiten und umzusetzen.

Offensichtlich waren meine Gesellschafter bei Bertelsmann mit meiner Arbeit zufrieden, da sie mich 2003 zum Vorstandsvorsitzenden der gesamten RTL Group, die mit mehr als 30 Fernseh- und mehr als 40 Radiosendern in zehn europäischen Ländern sowie einem weltweit agierenden Produktionsunternehmen das größte private Fernsehunternehmen Europas war, beförderten. 2005 machten sie mich schließlich zum für alle audiovisuellen Aktivitäten zuständigen Vorstandsmitglied bei Bertelsmann.

2012 kam es zu Verschiebungen im Bertelsmann-Management, mein ehemaliger Finanzchef bei der RTL Group wurde zum neuen Vorstandschef von Bertelsmann gewählt. Da ich mir nicht sicher war, ob eine Zusammenarbeit mit ihm funktionieren könnte, habe ich das Angebot von Turner, der Fernsehdivision von Time Warner, das internationale Geschäft zu übernehmen, angenommen. Zum damaligen Zeitpunkt bedeutete dies an die 200 TV-Kanäle in 180 Ländern in 37 Sprachen zu managen.

Die neue Aufgabe bedeutete eine starke Internationalisierung meiner Tätigkeitsbereiche. Sie bescherte mir den Zugang zu zwei Kontinenten, die ich bis zu diesem Zeitpunkt – von zwei Besuchen in Indien und China abgesehen – weder bereist hatte noch mit ihnen beruflich zu tun gehabt hatte: Lateinamerika und Asien. Insbesondere die Beschäftigung mit Lateinamerika ist für mich sowohl in beruflicher wie auch in politisch-kultureller Hinsicht ein völlig neues Erlebnis. Einer der für mich eindrucksvollsten, aber auch überraschendsten Eindrücke ist der außerordentliche Optimismus, der trotz aller politischer und wirtschaftlicher Schwierigkeiten in den Ländern Lateinamerikas, insbesondere bei der Jugend, zu bemerken ist. Demokratiemüdigkeit – vielleicht auch aufgrund der jahrzehntelangen Erfahrung mit diktatorischen Regimen – ist den meisten Menschen dort fremd. Die enormen Probleme der Region – von Drogenkriminalität über zeitweise dramatische wirtschaftliche Einbrüche bis zur tagtäglichen Korruption – haben bis dato dem Zukunftsoptimismus keinen Abbruch getan.

Meine letzte berufliche Veränderung fand zu Beginn des Jahres 2019 statt, als ich zum weltweiten Vertriebschef von Warner Media berufen wurde, zuständig für die globale Vermarktung der Warner Media Kanäle, wie HBO, CNN und die Entertainment- und Kindersender. Für das internationale Geschäft bin ich nach wie vor zuständig, nur ist mein Hauptbüro jetzt nicht mehr in London, sondern in New York.

Meine berufliche Tätigkeit in den Medien, insbesondere die 25 Jahre, die ich außerhalb Österreichs gearbeitet habe, hat mir sehr dabei geholfen, mein politisches Weltbild zu verfeinern. Die Möglichkeit, Menschen und Kulturen in vielen Ländern der Welt kennenzulernen, die Zusammenhänge zwischen Wirtschaft und Politik im Detail zu erleben und die unterschiedlichen politischen Systeme in der beruflichen Praxis erleben zu dürfen, hat meinen Blick für die wahren Probleme der Welt geschärft und mein Wertesystem fundiert.

Auch wenn dies banal klingt: Gerade die internationale Sicht der Dinge hat mich mehr denn je zu einem überzeugten Sozialdemokraten gemacht. Wer erlebt, wie die Welt außerhalb Österreichs aussieht, welche tatsächlichen Probleme Hunderte Millionen Menschen haben, welchen Erschwernissen sie nach wie vor ausgesetzt sind, von denen wir glauben, dass sie schon längst überwunden sind, kann aus meiner Sicht nur eine sozialdemokratische Vision vertreten.

## POLITISCHE BEGEGNUNGEN IN DER MEDIENWELT

Mehrere Begegnungen mit Gerhard Schröder, Angela Merkel, Sigmar Gabriel, Edmund Stoiber, Horst Seehofer, Wolfgang Clement, Peer Steinbrück; zahlreiche Meetings und Abendessen mit dem langjährigen luxemburgischen Ministerpräsidenten Jean-Claude Juncker; Treffen mit Tony Blair, Gordon Brown, Peter Mandelson, David Cameron; den früheren griechischen Ministerpräsidenten Kostas Karamanlis und Giorgos Papandreou, der ehemaligen chilenischen Präsidentin Michelle Bachelet und dem argentinischen Präsidenten Mauricio Macri, um nur einen Teil der politischen Termine zu nennen, halfen mir, interessante Einblicke in das politische Denken und manchmal auch in die Persönlichkeitsstruktur der Regierenden zu erhalten.

Nur einige Persönlichkeiten möchte ich diesbezüglich herausstellen:

Meine erste Begegnung mit Angela Merkel, sie war erst kurz zuvor Parteiobfrau der CDU geworden, war in Köln bei RTL Deutschland. Die zweite anlässlich einer Einladung der Bertelsmann-Eigentümerin Liz Mohn zu einem Gespräch mit ihr, dem gesamten Bertelsmann-Vorstand und je einem Kreativen aus den Vorstandsbereichen. Es war einige Monate vor der Wahl 2005 und wir alle waren interessiert, mehr über Merkels Programm, insbesondere in wirtschafts- und finanzpolitischer Hinsicht, zu hören. Doch das streifte sie nur kurz. Dafür erzählte sie im Detail, wie sie seit der Übernahme der Partei alle CDU/CSU-Männer – von Edmund Stoiber über Roland Koch, Friedrich Merz und Christian Wulff – gegeneinander ausgespielt und so ihre Machtbasis gestärkt hatte. Eine Machtpolitikerin seltenen Ausmaßes, das war mein Eindruck nach diesem Abend. Eine Erkenntnis, die sich – nach dem gegen alle Erwartungen knappen Wahlsieg 2005 –

noch verstärkte, als Merkel das finanz- und wirtschaftspolitische Programm der CDU um fast 180 Grad von einer radikal marktwirtschaftlichen Position (Flat Tax ihres Wunsch-Finanzministers) in Richtung einer sozialdemokratischen Position änderte.

Und trotzdem oder gerade deswegen: Angela Merkel hat meinen vollen Respekt für ihre Tätigkeit als Bundeskanzlerin von Deutschland. Ihre Art, den männlichen Alpharüden – ob dies Trump oder Putin sind – entgegenzutreten und ohne viel Aufhebens die – oftmals einzige – Stimme der demokratischen Vernunft zu bleiben, kann nicht hoch genug eingeschätzt werden. Wenn Angela Merkel abtritt, wird die Welt politisch ärmer sein.

Gerhard Schröder lernte ich knapp nach seinem Amtsantritt als Bundeskanzler im Jahr 1998 kennen. Ich war gerade RTL-Chef in Deutschland geworden und meine Mitarbeiter hatten eine Sitcom mit dem Titel „Wie war ich, Doris?“ entwickelt. Zugegeben, kein besonderer Hit, auch nur mäßig lustig, aber da es in Deutschland bis zu diesem Zeitpunkt noch nie eine satirische Serie über einen Bundeskanzler gegeben hatte, entschlossen wir uns, die Serie zu senden. Womit wir nicht gerechnet hatten, war die Reaktion von Gerhard Schröder. Er ließ wutentbrannt alle Verbindungen zu RTL kappen, gab unserem Sender mehr als ein Jahr kein Interview und bewirkte damit eine kostenlose Promotion für die Serie, die wir auch mit Millionen-Marketingaufwand nicht erzielen hätten können. Erst nach einem Jahr entspannte sich das Verhältnis wieder. Gerhard Schröder war ein Vollblutpolitiker mit Charisma und jemand, der sich unglaublich für Details interessieren konnte. Und er half uns später – während meiner Tätigkeit in der RTL-Group – mit seinen Kontakten beim Einstieg in den russischen Markt und verschaffte uns Zugang zum damaligen türkischen Ministerpräsidenten Recep Tayyip Erdoğan.

Auch die Bekanntschaft mit Sigmar Gabriel, damals Ministerpräsident von Niedersachsen, begann mit einem Konflikt. In Erfurt, Thüringen, kam es 2002 zu einem Amoklauf eines 19-jährigen Schülers mit 17 Todesopfern. Gabriel begann die Medien, vor allem RTL, zu beschuldigen, durch ihre Filme und Krimis Taten dieser Art Vorschub zu leisten. Als ich öffentlich erwiderte, dass die Politik lieber die Waffengesetze verschärfen solle, damit wir nicht Zustände wie in den USA bekämen, kam es zur öffentlichen Auseinandersetzung zwischen ihm und mir, die in einem Acht-Augen-Gespräch im Beisein meiner Generalsekretärin und seines Staatssekretärs in der Staatskanzlei von Niedersachsen endete. Er begann den Termin mit einer lauten Tirade gegen RTL, das einige Wochen zuvor den Film „Rambo" gesendet hatte. Er betonte, dass er durch den Vietnamkrieg erst politisiert worden sei und dass es daher für ihn untragbar sei, dass Sender diesen Film ausstrahlten. Meine – ebenso laute – Replik, dass er sich gefälligst meine Biografie durchlesen solle und ich mit Sicherheit mehr Anti-Vietnam-Demonstrationen absolviert hätte als er, führte zunächst zu betretenem Schweigen auf beiden Seiten. Aber der Knoten war gelöst und es begann ein politischer Dialog, der sich nicht nur auf diesen Termin beschränkte. Sigmar Gabriel war und ist meiner Ansicht nach sehr oft von den Medien, aber auch in seiner eigenen Partei unterschätzt worden. Eine SPD auf einem Umfragestand von 15 Prozent und weniger wäre mit ihm als Parteivorsitzendem nicht möglich gewesen. Davon bin ich überzeugt.

Gordon Brown traf ich mit einer Gruppe von CEOs britischer Fernsehsender und Produktionsunternehmen in einem Konferenzraum von Number Ten, dem Sitz des Premierministers, in London. Es ging um mögliche Änderungen in der britischen Mediengesetzgebung, die traditionell – auf Kosten der Fernsehsender – sehr produzentenfreundlich ausgestaltet ist. Mit dabei war auch Elizabeth Murdoch, die Tochter von Rupert Murdoch, der damals wie heute weite Teile der britischen Medienlandschaft besaß. Das Thema war offensichtlich kein großes Anliegen von Gordon Brown, da er den Termin eher lustlos abspulte, indem er jeden der Teilnehmer nach seiner Meinung befragte, aber weder richtig zuhörte noch nachfragte. Dies änderte sich erst schlagartig, als Elizabeth Murdoch, zu jener Zeit Eigentümerin einer Produktionsfirma, das Wort ergriff. Seine Aufmerksamkeit und auch seine Körpersprache änderten sich von einem Moment auf den anderen und seine Antwort war fast von einer gewissen Unterwürfigkeit geprägt, die mich, aber nicht meine Kollegen erstaunte. „Welcome in the world of British politics", war der Kommentar eines der CEOs, „the Murdochs rule here."

Eine besondere Beziehung hatte ich zum langjährigen Ministerpräsidenten von Luxemburg, Jean-Claude Juncker. Ich hatte ihn in den Jahren meiner Tätigkeit in Luxemburg als Menschen wie auch als Politiker kennen- und schätzen gelernt. Ein Politiker, der wie keiner seiner Vorgänger weit über die Grenzen seines Landes anerkannt war und der insbesondere während der Griechenlandkrise als Chef aller europäischen Finanzminister eine enorm wichtige Aufgabe erfüllte. Überraschenderweise kam er zu meiner Verabschiedungsfeier als RTL-Group-Chef und verlieh mir das höchste Ehrenzeichen des Landes Luxemburg. Juncker war und ist ein „Homo politicus" durch und durch, der mit einem starken sozialen Gewissen ausgestattet ist. Ein Europäer wie wenige seiner Kollegen und ein Politiker, der in vielen seiner Ansichten der Sozialdemokratie nähersteht als seinen konservativen Parteigenossen. Für Europa wäre es besser gewesen, wäre er statt José Manuel Barroso schon ein Jahrzehnt früher Chef der Europäischen Kommission geworden, wie Helmut Kohl dies gewollt hatte.

Eine für mich eindrucksvolle Persönlichkeit – vielleicht die eindrucksvollste überhaupt – war die ehemalige Präsidentin Chiles, Michelle Bachelet. Leider begegnete ich ihr nur einmal, mit und mithilfe von Alfred Gusenbauer in einem Privathaus des ehemaligen chilenischen Botschafters in Österreich. Ein langer Abend mit politischen Gesprächen über Lateinamerika, Chile, ihre Flucht in die DDR, das venezolanische Regime und vieles andere. Ich fand eine umfassend gebildete Frau, die, ohne je ihre Prinzipien zu vergessen, einen pragmatischen Zugang zum Regieren hatte und die sich bewusst war, dass die Hauptaufgabe jedes Präsidenten Chiles weit in die Zukunft hinein sein werde, das vom Bürgerkrieg gespaltene Land zu befrieden und die Spaltung der Gesellschaft zu überwinden. Wenn Frauen wie sie die Welt regierten, dachte ich mir in den Morgenstunden auf dem Weg ins Hotel, wären viele Probleme dieser Welt um vieles einfacher zu bewältigen.

# 5.
# GLOBALE VERÄNDERUNGEN UND DER „DRITTE WEG“

Die Sozialdemokratie kann eines von den Vertretern des „Dritten Weges“ lernen: Sozialdemokraten gewinnen dann, wenn sie eine Aufbruchsstimmung erzeugen können, wenn sie optimistisch in die Zukunft blicken.

**EINE DER POSITIVEN** Begleiterscheinungen meiner globalen beruflichen Tätigkeit ist die Tatsache, dass ich unmittelbar vor Ort beobachten kann, wie sich einzelne Märkte und Regionen in wirtschaftlicher und gesellschaftlicher Hinsicht entwickeln. Die dadurch gewonnenen Eindrücke und das damit verbundene Hintergrundwissen ergänzen meine Sicht der Welt kontinuierlich mit neuen Erkenntnissen.

Ich merke, welche großen Veränderungen in den USA vor sich gehen, nicht erst seit der Wahl Trumps. Ich merke, wie sich das Verhältnis von vielen südostasiatischen Staaten zu China langsam, aber sicher verändert. War es noch vor zehn Jahren, zu Beginn der Präsidentschaft von Barack Obama, eine der außenpolitischen Prioritäten Amerikas, den Kontakt zu den südostasiatischen Staaten zu verstärken, hat der „America First"-Approach von Präsident Trump viele dieser Länder Schritt für Schritt näher zu China geführt. Sie vertrauen der Sicherheitsgarantie der USA nicht mehr und fühlen sich gezwungen, eine politische Balance zwischen den USA und China herzustellen Die Konsequenz ist weniger und vor allem vorsichtigere Kritik der chinesischen Außenpolitik sowie engere Handelsbeziehungen mit China im Rahmen der „One Belt, One Road“-Initiative Chinas, die auch unter dem Titel „Die neue Seidenstraße“ bekannt ist. Verbunden mit diesem gigantischen, viele Hunderte Milliarden Dollar schweren Investitionsvorhaben sind wirtschaftliche Abhängigkeiten, die China langfristig – da bin ich mir sicher – auch einen nennenswerten politischen Einfluss bringen werden.

## DAS SCHÄDLICHE AN TRUMP

Donald Trump hat in den zweieinhalb Jahren seiner bisherigen Amtszeit dem politischen Klima in der Welt schweren Schaden zugefügt, was sich in folgenden Punkten manifestiert: der Ausstieg der USA aus dem Pariser Klimaschutzabkommen; die einseitige Bevorzugung Saudi-Arabiens und der Austritt aus dem Nuklearabkommen mit dem Iran; seine erratische Beziehung zu Europa inklusive der Androhung eines Handelskonfliktes; seine Abneigung gegen internationale Institutionen; seine Gegnerschaft zu einer globalen Freihandelspolitik und schließlich seine sympathisierende Haltung zu autoritären Staatsmännern wie den Präsidenten Xi Jinping, Wladimir Putin und Recep Tayyip Erdoğan sind nur einige Beispiele dafür, dass die amerikanische Außenpolitik unberechenbar geworden ist. So sehr all diese Aktionen zu einer geopolitischen Destabilisierung geführt haben, liegt die negativste Konsequenz der Trumpschen Außenpolitik aber in dem Faktum, dass das Vertrauen in die moralische Autorität des Westens in vielen Ländern der Welt entweder bereits verloren gegangen ist oder zumindest auf dem Weg ist, verloren zu gehen.

Natürlich hat es immer wieder Phasen gegeben, in denen vor allem in Europa die amerikanische Außenpolitik berechtigterweise in Frage gestellt worden ist. Man denke nur an den Vietnamkrieg oder die Unterstützung der Diktaturen in

Lateinamerika in den Siebziger- und Achtzigerjahren des vergangenen Jahrhunderts. Aber es ist aus meiner Sicht unbestritten, dass seit dem Zusammenbruch der Sowjetunion zu Beginn der Neunzigerjahre die USA als einzige Weltmacht auch das Bestreben hatte, möglichst viele Länder in Richtung einer liberalen Demokratie zu entwickeln und möglichst viele Menschen mit einer konsequenten Globalisierungs- und Freihandelspolitik aus der Armut zu befreien. Dass auf Grundlage dieser Politik auch haarsträubende und katastrophale politische Fehlentscheidungen getroffen wurden – Stichwort Irak-Krieg unter George W. Bush und Libyen-Intervention unter Barack Obama –, ändert die grundsätzlich demokratische Haltung der amerikanischen Außenpolitik nicht.

## CHINA: DIE ZWEITE SUPERMACHT

Der Verlust der moralischen Autorität des Westens ist umso bedeutender, als sich in China ein Gegenmodell zur liberalen Demokratie entwickelt hat, das ebenfalls verspricht in der Lage zu sein, den Bürgerinnen und Bürgern eine wirtschaftliche Zukunft zu bieten, die Armut zu besiegen, für jeden einen Arbeitsplatz zu schaffen und in technologischer und innovativer Hinsicht den USA die Stirn zu bieten. Und dies trotz oder gerade aufgrund eines autoritären, rigiden politischen Systems, in dem Menschenrechte, Meinungsfreiheit und die Unabhängigkeit der Justiz in keinster Weise gewährleistet sind.

Man muss zugestehen, dass es China – trotz aller pessimistischen Vorhersagen – gelungen ist, nicht nur Hunderte Millionen Menschen aus der Armut zu befreien, sondern auch im wirtschaftlichen Wettbewerb fast alle demokratischen Länder in Asien hinter sich zu lassen und mit Abstand die neben den USA wichtigste Wirtschaftsmacht zu werden.

Dass die chinesische Führung nun versucht, im Bereich der Artificial Intelligence dem Führungsanspruch der USA entgegenzutreten, zeigt nicht nur das Selbstvertrauen und den Nationalstolz der Chinesen, sondern hat auch signifikante Auswirkungen auf die wirtschaftliche wie politische Zukunft der Welt. Es ist heute noch zu früh vorherzusagen, ob sich die chinesische Symbiose eines autoritären politischen mit jenem eines offenen wirtschaftlichen Systems auf Dauer vereinbaren lässt. Oder, um es mit den Worten von Martin Wolf, dem Kommentator der *Financial Times*, auszudrücken: „Kann China gleichzeitig reich und kommunistisch sein?"

Vor zehn Jahren hätte ich dies mit Sicherheit verneint, heute bin ich mir – leider, füge ich hinzu – nicht mehr hundertprozentig sicher. China ist ein Überwachungsstaat wie kein zweiter auf dieser Welt. Das Land hat die Kontrolle des Internets nie aus der Hand gegeben und die Überwachungsmaßnahmen, die durch den Einsatz von künstlicher Intelligenz möglich wurden, erweitern den Kontroll- und Restriktionsspielraum der Regierung in China. Auf der anderen Seite ist auch der chinesische Staatskapitalismus vor Krisen nicht gefeit und es wird sich noch herausstellen, ob die Geduld der Bevölkerung und die Akzeptanz der Freiheitseinschränkungen in wirtschaftlichen Krisenzeiten anhalten wird. Die seit Juni 2019 andauernden Proteste in Hongkong, die in ihrer Dimension viele – auch mich – überrascht haben, sind ein Zeichen, dass der Ausgang des chinesischen Modells noch nicht geschrieben ist. Das größte Problem Chinas sind mit Sicherheit die sozialen Unterschiede innerhalb des Landes. Man braucht nur zuerst Schanghai oder Peking besuchen und anschließend zwei Stunden aufs Land zu fahren, um zu sehen, wie groß nach wie vor die Unterschiede hinsichtlich der Lebensbedingungen der chinesischen Bevölkerung sind.

Als Gegenbeispiel zu China hat sich der wirtschaftliche Aufschwung in Indien, das eine mustergültige Demokratie ist, in den letzten beiden Jahrzehnten nur beschränkt entwickelt. Eine überbordende Bürokratie, verbunden mit Korruption, überfordert die Verwaltung des – global gesehen – bevölkerungsmäßig zweitgrößten Landes. Im Gegensatz zu China, wo enormer Reichtum und bittere Armut auch örtlich voneinander getrennt sind, befinden sich in Indien die Slums neben Milliardenbauten. Dazu kommen akute klimatische Probleme: Rund die Hälfte des Milliardenreichs leidet unter großer bis extremer Wasserknappheit. Rund 200.000 Menschen sterben jährlich infolge einer unzureichenden Wasserversorgung. Bis 2030 soll der Wasserbedarf etwa zweimal so hoch sein wie die verfügbaren Ressourcen. Die Luftverschmutzung in Delhi und Mumbai ist mittlerweile schlimmer als in den chinesischen Großstädten. Und letztlich wird die wirtschaftliche Entwicklung Indiens auch noch vom nach wie vor vorhandenen Kastenwesen und religiösen Konflikten gebremst. Ob wir es wollen oder nicht, im wirtschaftlichen Match Demokratie (Indien) gegen Diktatur (China) in Asien liegt derzeit klar letztere vorne.

Chinas expansive Wirtschaftspolitik beschränkt sich nicht nur auf Afrika, es hat auch längst in den Nachbarländern, ob Malaysia, Pakistan oder Vietnam, Einzug gehalten und zwar immer mit denselben Versprechen: „Wir bauen die für euch lebensnotwendigen Infrastrukturen – Häfen, Bahnlinien, Flughäfen – auf Kredit." Können diese Länder dann ihre Kredite nicht zurückzahlen, gehen die Bauten in den Besitz der chinesischen Geldgeber, fast immer Firmen im Eigentum oder Dunstkreis der Regierung oder des Militärs, über. In den vergangenen fünf Jahren sind auch immer mehr chinesische Investitionen in Europa zu bemerken. Der Ankauf des Hafens von Piräus, die vielfältigen Investitionen chinesischer Firmen in der Tschechischen Republik, der geplante Bau eines Atomkraftwerkes in Großbritannien, die Energieabkommen mit Russland oder das Handelsabkommen mit Italien sind alles Anzeichen dafür, dass Chinas Interesse nicht am Ural endet. Chinas Politik agiert mit einer klaren Strategie: Am Beginn stehen wirtschaftliche Investitionen, die die Grundlage für spätere politische Netzwerke und Einflussnahme bilden sollen.

Chinas wirtschaftliche Verflechtungen mit der westlichen Welt sind immens. Die Tatsache, dass es einen sehr großen Teil der amerikanischen Schulden aufgekauft hat und jede Änderung des Wertes der chinesischen Währung zu einem signifikanten Ausschlag an den Börsen führen kann, ist ein Indiz dafür. Kein Währungsverfall in Russland oder in Lateinamerika könnte vergleichbare Auswirkungen haben. Der Einfluss des chinesischen Wirtschaftswachstums auf die Rohstoffpreise ist ebenfalls so groß wie in keinem anderen Markt. Die makroökonomische Krise einiger lateinamerikanischer Staaten wie etwa Brasilien von 2016 an ist wesentlich auf die geringere Abnahme von Rohstoffen durch China zurückzuführen.

## USA VERSUS CHINA

Mit dem rasanten wirtschaftlichen Aufschwung Chinas stellt sich die Frage, wie sich die beiden Systeme – der westliche Kapitalismus auf Basis einer liberal-demokratischen Gesellschaftsordnung versus den chinesischen Kapitalismus auf Basis eines autoritären Regierungssystems – zueinander verhalten werden. Kann es ein Nebeneinander beider Systeme im Sinne einer friedlichen Koexistenz geben oder ist langfristig ein – auch militärischer – Konflikt zwischen beiden Supermächten unausweichlich? Von einem ist mit Sicherheit auszugehen: China hat heute kein Interesse an einem Konflikt, weder in wirtschaftlicher noch in militärischer Hinsicht. Und es ist auch darauf hinzuweisen, dass China in seiner Geschichte niemals einen Angriffskrieg geführt hat. Einen chinesischen Imperialismus hat es in der jahrhundertelangen Geschichte Chinas nicht gegeben.

Trotzdem ist nicht auszuschließen, dass der ideologische und wirtschaftliche Wettbewerb zwischen dem amerikanischen und dem chinesischen Modell langfristig auch zu kriegerischen Auseinandersetzungen führen kann. Eine nicht zu unterschätzende Minderheit amerikanischer Politiker und Militärs ist bereits jetzt der Ansicht, dass der Konflikt lieber heute als morgen geführt werden sollte.

Die Tatsache, dass Präsident Trump – nach einem Wahlkampf, den er unter anderem mit einer aggressiven Absage an eine offene Handelsbeziehung mit China geführt hatte – seit mehr als zwei Jahren immer wieder einen Handelskrieg mit China androht und Strafzölle ankündigt, um diese dann vor Inkrafttreten wieder zu verschieben, zeigt nicht nur die Wankelmütigkeit und Unberechenbarkeit des amerikanischen Präsidenten, sondern auch die politische Debatte in den USA über den Umgang mit China. Freund, Partner oder Feind oder doch von allem etwas, so könnte man die diesbezügliche Diskussion zusammenfassen.

## DAS SOZIALDEMOKRATISCHE JAHRZEHNT

In Bezug auf die ideologische Themenführerschaft war Amerika Europa nach dem Weltkrieg immer fünf bis zehn Jahre voraus. Es begann mit der Ära John F. Kennedys in den Sechzigerjahren: Eine fast euphorische Aufbruchsstimmung, vor allem bei der Jugend, erzeugte einen Optimismus, eine Hoffnung auf die Zukunft, in der alles möglich schien. Die Eroberung des Weltraums mit dem Plan einer Landung auf dem Mond innerhalb von zehn Jahren, angekündigt in Kennedys Rede zum Amtsantritt, war nur eine der Zukunftsvisionen des damaligen Zeitgeistes. Gleichzeitig sprach Kennedy von einem wirtschaftlichen Aufschwung für alle. Seinem Nachfolger Lyndon B. Johnson, einem der unterschätztesten amerikanischen Präsidenten, gelang es nicht nur eine starke, an sozialdemokratische Prinzipien angelegte Sozialgesetzgebung auf den Weg zu bringen. Er – ein Südstaatler aus Texas – schaffte es auch, die Aufhebung der Rassentrennung und damit eine gesetzliche Gleichstellung der afroamerikanischen Bevölkerung zu erreichen. Die Aufbruchsstimmung kam erst in der zweiten Hälfte der Sechzigerjahre mit dem Eintritt der USA in den Vietnamkrieg zum Stillstand. Einen Krieg, den schon Kennedy mit der Entsendung von Militärexperten begonnen und den Johnson im Glauben an die Dominotheorie, der zufolge alle asiatischen Staaten folgen würden, wenn auch nur ein einziger Staat in Asien dem Kommunismus „zum Opfer fiele", weitergeführt und intensiviert hat.

Nicht zuletzt dieser Kampf gegen den Vietnamkrieg, geführt von der Jugend in den USA, brachte die 68er-Bewegung auch nach Europa. Die Anti-Vietnamkrieg-Bewegung war der Beginn einer Protestbewegung der Jugend mit dem Ziel, aus der rigiden Nachweltkriegsordnung samt ihren konservativen, die Freiheit des Einzelnen einschränkenden Gesellschaftsmodellen auszubrechen. Sie begann an den Universitäten und gipfelte in Protestbewegungen in ganz Europa, die letztlich dazu führten, dass erstmals sozialdemokratische Regierungen außerhalb Skandinaviens Realität wurden. Willy Brandt, Bruno Kreisky und später Felipe González und François Mitterand wurden auf dieser Welle des Aufbruchs und der Zukunftshoffnung an die Spitze ihrer Staaten gewählt.

Die Ideologie der Sozialdemokratie, insbesondere der Jugend und den Frauen neue Chancen und Perspektiven zu eröffnen, ein Gesellschaftsmodell zu entwerfen, das den Frauen Gleichberechtigung und dem Einzelnen insgesamt ein Mehr an Demokratie und Freiheit versprach, hat sie letztendlich mehrheitsfähig gemacht. Die Befreiung von den verstaubten konservativen Gesellschaftsnormen ging mit einer Fülle von gesetzlichen Reformen einher. Das fing bei der Fristenlösung an und hörte bei heute selbstverständlichen Dingen auf, wie etwa dass die Frau nicht mehr den Namen ihres Ehemannes annehmen muss und auch nicht mehr seine Erlaubnis benötigt, wenn sie einer Beschäftigung nachgehen möchte.

Es begann das, was wir heute das sozialdemokratische Jahrzehnt nennen – ein Zeitraum, der Europa grundlegend und zum Positiven verändert hat. Vorangegangen war dem eine Änderung in der Haltung der sozialdemokratischen Parteien gegenüber dem marktwirtschaftlichen Wirtschaftssystem. Der programmatische Anspruch auf einen Systemwechsel – formuliert als Ziel der klassenlosen Gesellschaft – wich dem Anspruch auf Systemverbesserung. Das war sowohl der Kern des Godesberger Programms der SPD als auch jener des neuen, im Jahre 1978 verabschiedeten SPÖ-Parteiprogramms, das unter Bruno Kreisky ausgearbeitet und beschlossen wurde. Einen sozial ausgeprägten Kapitalismus, eine echte soziale Marktwirtschaft zu etablieren, war das wirtschaftspolitische Ziel der Sozialdemokratie in den Siebzigerjahren. Eine grundsatzpolitische Weichenstellung, die nicht zuletzt angesichts des Versagens der kommunistischen Diktaturen des Ostblocks die Voraussetzung für die Mehrheitsfähigkeit war.

Im Mittelpunkt stand das neue sozialdemokratische Narrativ des Wohlstandsversprechens. Mit dem Slogan „Damit es unseren Kindern besser geht" wurde eine weitreichende Reformpolitik gestartet, die alle Bereiche des Lebens umfasste. Eine Reformpolitik, der es nicht in erster Linie um Umverteilung ging, sondern um den Anspruch, dass der wirtschaftliche Aufschwung und der technologische Fortschritt allen Bevölkerungsschichten zugutekommen sollte. „Es stimmt schon: Die Reichen sind reicher geworden, aber die Armen sind nicht arm geblieben“ war einer der Kernsätze meines ehemaligen Chefs Fred Sinowatz. Und er traf mit dieser Aussage über die damalige gesellschaftliche Stimmung den Nagel auf den Kopf. Ich glaube im Übrigen nicht, dass er diesen Satz heute auch sagen würde. Zu weit haben sich die wirtschaftlichen Ungleichheiten in den vergangenen Jahrzehnten auseinanderentwickelt.

Die Hochphase des sozialdemokratischen Jahrzehnts in den Siebzigerjahren war auch eine Hochphase internationaler Politik und des internationalen Dialogs. Die Sozialistische Internationale mit den Leitfiguren Brandt, Kreisky, Palme, später González und Mitterand war im Zentrum des internationalen Denkens. Ob es um die Nahostpolitik ging, die Kreisky maßgeblich beeinflusste, oder um den Nord-Süd-Dialog des Club of Rome – die sozialdemokratischen Führer standen an der Spitze der neuen Problembewältigungsideen. Schon damals entwarf Bruno Kreisky die Idee eines Marshallplans für Afrika. Eine Forderung, die heute mehr denn je Gültigkeit hat, um die Migrationsproblematik Europas zu lösen. Begleitet wurde der internationale Dialog durch eine neue Entspannungsideologie zwischen Ost und West. Willy Brandts Ostpolitik war der erste signifikante Schritt in Richtung eines Aufbrechens des Kalten Krieges.

## DIE KONSERVATIVE GEGENREVOLUTION

In den späten Siebzigerjahren erstarkte erstmals seit dem Zweiten Weltkrieg auch wieder die Religion als politische Macht. Ruhollah Chomeini wurde zum Begründer eines islamischen Selbstbewusstseins und die Wahl von Papst Johannes Paul II. trug zweifelsfrei dazu bei, dass in Polen die Solidarnosc gegründet wurde. Ein wesentlicher Beitrag in Richtung Sturz des kommunistischen Systems im Ostblock zehn Jahre danach.

Ebenfalls Ende der Siebzigerjahre tauchten in den USA erstmals die ultrakonservativen Religious Right auf, die maßgeblich zur Wahl Ronald Reagans im Jahre 1980 beigetragen haben. Ronald Reagan war das Aushängeschild eines neuen wirtschaftlichen wie auch ideologischen Konservativismus. Seine Vision war das radikale Zurückdrängen des Staates und die Betonung der Selbstverantwortung des Einzelnen. Privatisierungen, auch von Ordnungsfunktionen des Staates, eine massive Steuersenkung zugunsten der Wohlhabenden, Einschränkungen im Bereich der Sozialleistungen und Deregulierungen, wo immer es nur möglich war, schufen die Grundlage für eine massive Ausweitung der Ungleichheit.

Auch im Verhältnis zur Sowjetunion änderte sich Entscheidendes. Reagan und sein Team waren überzeugt, dass man den Kalten Krieg gegen die Sowjetunion mittels massiver Aufrüstung gewinnen könne und dass dies seine historische Aufgabe als Präsident der USA sei. In seiner ideologischen Weltansicht gab es nur Gut und Böse, richtig und falsch. Sein „Krieg der Sterne"-Projekt war die öffentliche Ablösung der Politik des „Gleichgewichts des Schreckens" durch eine Politik der „Demonstration der Stärke".

In wirtschaftlicher Hinsicht war Reagans Politik nur mäßig erfolgreich. Die enorme Ausweitung des Verteidigungsbudgets erzeugte zwar einen kurzfristigen Beschäftigungsboom, aber sein Nachnachfolger Bill Clinton erbte das größte jemals hinterlassene Budgetdefizit in der Geschichte der USA. Freilich: Sein außenpolitisches Hauptziel, die Sowjetunion zu besiegen und damit die USA als einzige verbleibende Weltmacht zu etablieren, hat Reagan erreicht. Und er nützte diesen Sieg auch – dies muss bei aller Kritik festgehalten werden –, um gemeinsam mit dem neu gewählten Präsidenten der Sowjetunion, Michail Gorbatschow, eine Abrüstungsinitiative einzuleiten, die der Welt in den kommenden zwei Jahrzehnten einen deutlichen Zuwachs an Sicherheit und Frieden brachte. Leider ließen die Nachfolger Reagans in den USA, aber auch die politische Spitze Europas die Chance verstreichen, die Nachfolgestaaten der Sowjetunion, vor allem Russland, gesichtswahrend und verstärkt in die westliche Welt zu integrieren.

Im Gegensatz zu den USA ging in Europa die Dominanz der Sozialdemokratie erst langsam zurück. Der Übergang von Helmut Schmidt auf Helmut Kohl war ja nicht gleichzusetzen mit der Einleitung einer konservativen Revolution, denn Kohl war zeit seines Lebens ein Anhänger einer sozialen Marktwirtschaft. François Mitterand gewann nach mehreren Versuchen erst im Jahre 1981 die französische Präsidentschaft und Felipe González gelang 1982 das Kunststück, seine sozialistische Partei Spaniens zur Nummer eins zu machen. Auch der wirtschaftliche Aufschwung in Europa ging erst Ende der Achtzigerjahre langsam, aber sicher zu Ende. Und genau das hat man in den sozial schwächeren Schichten in erster Linie den Sozialdemokraten angelastet. Nach dem Motto: Ihr habt uns das Versprechen gegeben, dass es kontinuierlich bergauf geht, aber jetzt zeigt sich, dass ihr dieses Versprechen nicht einlösen könnt. Es ist daher aus meiner Sicht nicht verwunderlich, dass auch die Kernklientel der Sozialdemokratie anfällig für Deregulierung und geringeren Staatseinfluss war.

In Großbritannien kam zur selben Zeit Margaret Thatcher an die Macht. Sie, die in ihren Wirtschaftsansichten noch um einiges radikaler als Reagan war, begann sofort eine Auseinandersetzung mit den in Großbritannien machtvollen Gewerkschaften, die in den Jahren zuvor die Labour-Regierung vor sich hergetrieben und zeitweise das ganze Land zum Stillstand gebracht hatten. Großbritannien war mit Abstand das Land mit den meisten Streiks in der Vor-Thatcher-Ära gewesen.

Wie immer in der politischen Entwicklung schlug das gesellschaftliche Pendel nun in die andere Richtung aus. Mit mehrheitlicher Unterstützung der Briten wurden viele gewerkschaftliche Strukturen zerstört, die Administration des Londoner Bürgermeisters per Gesetz entmachtet, fast alle großen, im Staatsbesitz befindlichen Betriebe privatisiert und die Mittel für das zur damaligen Zeit außerordentlich gute Gesundheitssystem radikal gekürzt. Noch heute leiden viele britische Bürgerinnen und Bürger unter dieser konservativen Gegenrevolution. Das britische Gesundheitswesen hat sich bis heute nicht von den Eingriffen in der Thatcher-Ära erholt und die privaten Bahnnetze sind unzuverlässiger als in manchen Entwicklungsländern.

Auch wenn die Entwicklung in Kontinentaleuropa bei Weitem nicht so radikal wie in den USA oder in Großbritannien war, so stieß doch in allen anderen europäischen Ländern – selbst in Teilen Skandinaviens – der Gedanke von „Weniger Staat und mehr privat“ auf deutlichen Zuspruch.

## DER „DRITTE WEG“

Das Ende der Achtzigerjahre brachte die Auflösung der Sowjetunion. Sie zerfiel und mit ihr der gesamte Ostblock. Die Bevölkerung der Ostblockländer hatte genug vom Kommunismus. Aber auch hier schlug das Pendel in den folgenden ersten freien Wahlen in die Gegenrichtung aus. Hatten sich die Sozialdemokraten Hoffnung gemacht, den Übergang vom kommunistischen zu einem demokratischen System federführend gestalten zu können, gewannen in allen osteuropäischen Ländern die konservativen und wirtschaftsliberalen Parteien die Wahlen. Und während gleichzeitig in Westeuropa fast überall – mit Ausnahme Österreichs – konservative Parteien an die Macht kamen, begann in den USA die nächste sanfte Gegenrevolution.

Nach Ronald Reagan und George Bush senior wurde Bill Clinton Präsident der USA und mit ihm trat eine ideologische Vision in den Vordergrund, die alsbald der „Dritte Weg" genannt wurde. Bill Clinton war ein „New Democrat", der auf der einen Seite versuchte, eine soziale Gesinnung mit einer wirtschaftsliberalen Ansicht in Einklang zu bringen, aber andererseits erkannte, dass ähnlich wie in den Sechzigerjahren die Zeit reif war für einen gesellschaftlichen Wandel. Ähnlich wie Kennedy und wie zuvor die Sozialdemokraten Europas setzte er auf Frauen und die Jugend. Die Zulassung von Homosexuellen zum Militär oder auch das offene Eintreten für gleichgeschlechtliche Partnerschaften bis hin zur Ehe waren zwei seiner Initiativen in diesem Bereich. Auch profitierte er in wirtschaftlicher Hinsicht vom Zerfall des Sowjetsystems und dem auch damit verbundenen wirtschaftlichen Aufschwung der amerikanischen Supermacht, die ihren Höhepunkt in dem ersten Internet-Börsenboom erlebte. Als Herzstück seiner Sozialreformen war die Einführung einer Sozialversicherung für die gesamte Bevölkerung geplant. Fast seine gesamte erste Amtszeit stand im Zeichen dieser Bemühungen, doch gelang es ihm am Ende nicht, dieses Ziel gegen den erbitterten Widerstand der Republikaner durchzusetzen. Erst sein Nachnachfolger Barack Obama, der auf den Vorarbeiten der Clinton-Ära aufbauen konnte, war erfolgreich und setzte schließlich „Obamacare" durch.

Auch wenn mir Clinton bis heute persönlich sehr sympathisch ist, muss festgestellt werden, dass er auch für enorme Fehlentscheidungen während seiner Administration verantwortlich ist. Die wesentlichste war die Revidierung des Glass-Steagall-Act, also des Verbotes, dass Banken, die in nennenswertem Umfang Sparguthaben von Bürgern verwalten, gleichzeitig in eigenem Namen spekulieren dürfen. Nach Meinung der meisten Ökonomen hat die Aufhebung der Trennung zwischen kommerziellen Geldinstituten und

Investmentbanken, die nach dem Börsencrash von 1929 gesetzlich eingeführt worden war, die globale Finanzkrise im Jahr 2007 überhaupt erst ermöglicht.

Diese Entscheidung Clintons beruhte wie die meisten seiner wirtschaftlichen Initiativen auf dem Glauben an die Selbstreinigungskraft des Marktes. Dieser Glaube war aus heutiger Sicht der größte Fehler des „Dritten Weges“, da er der Finanzwirtschaft erlaubte, die Regeln des Kapitalismus signifikant umzuschreiben und die Realwirtschaft damit deutlich schwächte.

Gleichzeitig verabschiedete die Clinton-Administration ein Sozialprogramm, das ähnlich wie später die Agenda 2010 von Gerhard Schröder das Ziel hatte, Anreize zu schaffen, Arbeitslose, auch Langzeitarbeitslose, wieder in den Arbeitsprozess einzugliedern. Ein Teil des Anreizes bestand darin, den Zeitraum, in dem Arbeitslosengeld gezahlt wird, zu reduzieren. Die Maßnahme schien in beschäftigungspolitischer Hinsicht Wirkung zu zeigen. Ob dies jedoch aufgrund der Welfare-Reform, wie Clinton sie nannte, oder aufgrund des Aufschwungs durch die erste Phase der kommerziellen Nutzung des Internets hervorgerufen wurde, sei dahingestellt.

Auch in Deutschland gelang es mit der Einführung von Hartz 4 – dem Kernstück der Agenda 2010 von Gerhard Schröder – die Arbeitslosigkeit signifikant abzubauen. Allerdings in erster Linie durch den Aufbau eines breiten Niedriglohnsektors, der auch durch staatliche Förderungen gestützt wurde. Selbst Gerhard Schröder gibt heute zu, dass es der größte Fehler der Agenda 2010 war, die Reform und die staatliche Förderung des Niedriglohnsektors nicht an die Einführung eines Mindestlohns gekoppelt zu haben.

1997 gab es auch in Großbritannien einen Regierungswechsel. Tony Blair, ebenfalls ein Vertreter des „Dritten Weges“, gelang mit einer völlig reformierten Labour Party

(„New Labour") ein überwältigender Sieg über die konservativen Tories. Er war in der Labour Party gegen die Gewerkschaften an die Macht gekommen und verband eine wirtschaftsliberale Haltung mit massiven staatlichen Investments in Gesundheits-, Wohnungs- und Sozialwesen. Sein Kurs war viele Jahre sehr erfolgreich und endete erst mit seiner unkritischen Unterstützung des Irak-Krieges, die ihn nicht nur in Konflikt mit einer Mehrheit der eigenen Bevölkerung, sondern auch mit seinen Regierungskollegen in Deutschland und Frankreich brachte.

Die Welfare-Reform Bill Clintons und die Agenda 2010 Gerhard Schröders zeigen die Vor- und Nachteile des wirtschaftspolitischen Konzeptes des „Dritten Weges" auf. Man versuchte einerseits durchaus erfolgreich, Fehlentwicklungen des Kapitalismus in sozialer Hinsicht auszugleichen, aber man vertraute zu sehr den Selbstreinigungsmechanismen des Marktes. Eine Erkenntnis, die die Sozialdemokratie von heute nicht vergessen darf.

Trotzdem kann die Sozialdemokratie eines von den Vertretern des „Dritten Weges" lernen: Sozialdemokraten gewinnen dann – und fast möchte man geneigt sein zu sagen: *nur dann* –, wenn sie eine Aufbruchsstimmung erzeugen können, wenn sie optimistisch in die Zukunft blicken, wenn sie Veränderungen umsetzen möchten und wenn sie die Jugend und die Frauen auf ihrer Seite haben.

## SONDERFALL ÖSTERREICH

Österreich war eines der ganz wenigen Länder in Europa, wo die Sozialdemokratie Ende der Achtzigerjahre nicht die Regierungsfähigkeit verlor. Auch dank meines früheren Chefs Fred Sinowatz, der den Übergang von der Lichtgestalt Bruno Kreisky zur neuen Lichtgestalt Franz Vranitzky erfolgreich gemanagt hatte. Vranitzky war ein typischer Mitte-

Links-Reformer, dessen Ära von vier Errungenschaften geprägt war. Die erste war das Wiedererlangen der internationalen Reputation Österreichs nach der Waldheim-Affäre. Sein internationales Auftreten, vor allem sein Staatsbesuch in Israel im Jahre 1993 mit seiner Rede vor der Knesset, dem israelischen Parlament, sowie seine zwei Jahre zuvor gehaltene Parlamentsrede, die erstmals eine öffentliche Abkehr von der Opferthese in Bezug auf die Rolle Österreichs während des Nationalsozialismus beinhaltete, setzte Maßstäbe. Vranitzky war zu Beginn als Bundeskanzler nicht so international vernetzt wie Kreisky, aber er war jener österreichische Bundeskanzler, der am stärksten in internationalen Kategorien dachte und der am Ende seiner Tätigkeit von allen österreichischen Politikern seit dem Ende des Zweiten Weltkrieges am nächsten an Kreiskys internationale Vernetzung herankam. Dies wurde nicht zuletzt durch die Tatsache befördert, dass Waldheim aufgrund der Diskussion um seine Vergangenheit kaum internationale Einladungen bekam und Vranitzky auch de facto die internationale Rolle des Staatsoberhauptes übernehmen musste.

Die zweite Errungenschaft der Ära Vranitzky war der EU-Beitritt Österreichs. Vranitzky hielt diesen Beitritt vor allem aus wirtschaftlichen Gründen für absolut notwendig. Zuerst überzeugte er seine eigene Partei, die jahrzehntelang einem EU-Beitritt aufgrund des Staatsvertrages skeptisch gegenübergestanden war. Und dann gelang es ihm auch Russland davon zu überzeugen, dass ein Beitritt Österreichs zur EU keinen Widerspruch zur Neutralitätsverpflichtung darstelle. Aus heutiger Sicht ist die Teilnahme Österreichs am europäischen Binnenmarkt die wohl entscheidendste staatspolitische Weichenstellung seit der Erklärung der immerwährenden Neutralität im Jahre 1955.

Die dritte Erfolgsgeschichte der Regierungszeit von Franz Vranitzky war die gelungene Umstrukturierung der verstaatlichten Industrie nach den Skandalen um VOEST und Chemie Linz in der ersten Hälfte der Achtzigerjahre. Heute sind viele der früheren Unternehmen der verstaatlichten Industrie Weltmarktführer in ihren Bereichen, auch dank der fundierten Industriepolitik während der Kanzlerschaft Vranitzkys.

Das vierte bleibende Merkmal der Kanzlerschaft Vranitzkys war ein innenpolitisches. Und ja, es war ein Verdienst aus meiner Sicht, auch wenn dies mancher anders sehen mag. Er lehnte aus Überzeugung eine Koalition mit der FPÖ unter Jörg Haider ab. Eine rechtspopulistische Partei, die erstens keine klare Abgrenzung zur nationalsozialistischen Vergangenheit abgibt und die zweitens kein ebenso klares Bekenntnis zu Europa ablegt, kann kein Koalitionspartner für die Sozialdemokratie sein, so sein politisches Credo. Vranitzky bekam für seine Grundsatzhaltung viel Kritik – teilweise auch aus seiner eigenen Partei. Man warf ihm vor, Hunderttausende Wählerinnen und Wähler auszugrenzen und der SPÖ eine Regierungsoption zu nehmen. Trotz dieser Kritik schwankte er nicht im Geringsten und die späteren Koalitionen der ÖVP mit der FPÖ unter Wolfgang Schüssel und unter Sebastian Kurz bewiesen, wie recht er hatte und wie wenig regierungstauglich die FPÖ war und ist.

Meine Verbindung zu Franz Vranitzky blieb immer eng. Sein Rücktritt im Jahre 1997, nach elf Jahren Parteivorsitz und Kanzlerschaft, und die Wahl Viktor Klimas zu seinem Nachfolger waren nicht überraschend. Die Alternative hätte nur Ferdinand Lacina sein können, doch dieser hatte sich schon zurückgezogen, zutiefst betroffen durch manch unsachliche Kritik vor allem seitens der sozialistischen Gewerkschafter. Ich habe Lacina immer als den besten der potenziellen Nachfolger Vranitzkys gesehen. Ein Sozialdemokrat durch und durch, von seinem Typ und seinem Habitus authentisch, sein Weltbild auf klaren sozialdemokratischen Werten ruhend und doch pragmatisch, was die wirtschaftlichen Notwendigkeiten betraf. Und einer, der stets sagte, was er dachte, und tat, was er sagte.

Die sozialdemokratische Regierungszeit in Österreich endete erst im Jahre 2000 – nach 30 Jahren mit sozialistischen Bundeskanzlern –, als Wolfgang Schüssel, der die Wahl als Drittplatzierter klar verloren hatte, Jörg Haider überredete, ihn zum Regierungschef zu machen und eine „kleine Koalition“ zwischen ÖVP und FPÖ etablierte.

Diese Koalition galt in ganz Europa als Tabubruch. Neben massiven Protesten seitens der Zivilgesellschaft, von Intellektuellen und Künstlern war es insbesondere der französische Staatspräsident Jacques Chirac – ein Konservativer wie Wolfgang Schüssel –, der empört darüber war, dass die österreichischen Konservativen gemeinsame Sache mit einer rechtspopulistischen Partei unter Führung von Jörg Haider machten, der schon damals einen mehr als zweifelhaften Ruf genoss. Auch der von der ÖVP nominierte Bundespräsident Thomas Klestil war ein überzeugter Gegner dieser Koalitionsvariante. So war es nicht besonders überraschend, dass die EU-Staatschefs Sanktionen gegen Österreich verhängten. Sanktionen, die nichts anderes bewirkten als eine Stärkung der Regierung im Inland. Das Motto war das gleiche wie anlässlich der Waldheim-Krise: „Wir wählen die Regierung, die wir für richtig erachten“.

Bundeskanzler Wolfgang Schüssel war ein Machtpolitiker, der aber auch eine klare konservative und wirtschaftsliberale Haltung vertrat. Insofern kann man feststellen, dass die konservative Gegenbewegung in Österreich ab dem Jahre 2000 stattfand. Die Einführung von Studiengebühren, eine klare Privatisierungsagenda, Eingriffe in das Pensionssystem waren Bestandteil seiner Regierungsvorhaben. Schüssel war kein Vordenker wie etwa sein Vorgänger als ÖVP-Parteiobmann Erhard Busek, aber er hatte einen klareren Zug zur

Macht. Und es gelang ihm, die starken VP-Landeshauptleute unter Kontrolle zu halten.

Wolfgang Schüssel verlor – für viele, auch für mich – überraschend 2006 die Nationalratswahl gegen Alfred Gusenbauer, der im Jahr 2000 Parteiobmann der SPÖ geworden war. Seiner Wahl zum Parteivorsitzenden ging ein interner Konkurrenzkampf zwischen Karl Schlögl, dem populären Innenminister, und dessen Vorgänger Caspar Einem voraus. Schlögl war der Vertreter des rechten Parteiflügels, Einem hatte die Linken in der Partei auf seiner Seite. Beide wollten Parteivorsitzender werden. Da sich das Parteipräsidium auf keinen der beiden einigen konnte und man eine Kampfabstimmung vermeiden wollte, einigte man sich als Kompromiss auf den damaligen Bundesgeschäftsführer Alfred Gusenbauer.

Gusenbauer war ein belesener, hochintellektueller und international vernetzter Politiker. Leider stellte sich alsbald heraus, dass seine soziale Kompetenz nicht mit seinen intellektuellen Fähigkeiten mithalten konnte.

Die Wahlniederlage Schüssels war aus meiner Sicht seiner mangelnden Empathie zuzuschreiben. Er hinterließ einen für die meisten Menschen durchaus kompetenten Eindruck, was ihm und der ÖVP auch 2002 einen phänomenalen Wahlsieg bescherte, aber er galt auch als kalter Technokrat ohne jegliches Einfühlungsvermögen. Und er war sich 2006 seiner Sache sehr sicher und machte aus einem gewissen Hochmut heraus sowohl bei der anstehenden Wahl des ORF-Generalintendanten als auch bei der vor der Wahl aufbrechenden Diskussion um die Pflege der älteren Bevölkerung schwere Fehler.

Dem überraschenden Wahlsieg von Alfred Gusenbauer 2006 folgte ein ebenso überraschender Koalitionsvertrag zwischen SPÖ und ÖVP, der nicht nur die meisten Schlüsselressorts in den Händen der zweitstärksten Partei beließ, sondern auch einen Bruch der beiden zentralen Wahlkampfversprechen Gusenbauers beinhaltete. Weder wurde der Vertrag zu den Eurofighter-Abfangjägern aufgehoben noch die Einführung von Studiengebühren rückgängig gemacht. Von diesem Bruch der Wahlversprechen, der einen massiven Protest der Jugend und Studenten zur Folge hatte, konnte sich Gusenbauer nicht mehr erholen und das Ende seiner Kanzlerschaft war eingeleitet.

## DIE WELTWIRTSCHAFTSKRISE

Alfred Gusenbauer wurde 2008 durch Werner Faymann ersetzt, der bei der Wahl im Oktober der SPÖ erneut Platz eins sicherte. Knapp danach brach von den USA ausgehend die erste globale Wirtschaftskrise seit dem Zweiten Weltkrieg aus. Der Grund war, dass in den Jahren zuvor die Finanzwirtschaft immer neue Produkte auf den Markt gebracht hatte, die letztlich niemand mehr verstand. So wurden die massiven Schulden der amerikanischen Immobilienwirtschaft in Investitionspapiere integriert, die von den diese Produkte verkaufenden Banken mit den besten Ratings ausgestattet waren, obwohl sie vielfach uneinbringliche Schuldentitel enthielten. Auf Deutsch: Uneinbringliche Schulden wurden zu gewinnversprechenden Investitionsfonds umgefärbt. Ab dem Zeitpunkt als klar wurde, dass die Konsumenten die Zinsen der Kredite nicht mehr bedienen konnten, brach das gesamte Kartenhaus zusammen und viele Menschen verloren zum Teil ihre gesamten Ersparnisse. Aufgrund der globalen Vernetzung der Finanzwirtschaft gerieten auch die größten Banken in die Nähe des Bankrotts und mussten durch den massiven Einsatz der Steuerzahler in fast jedem Land gerettet werden. Die Banken hatten auch keine finanziellen Ressourcen mehr, um ihre „normale“ Tätigkeit, der Wirtschaft Kredite zu gewähren, ausführen zu können, sodass eine weltweite Wirtschaftskrise die Folge war – das Resultat eines völligen Kontrollverlustes der staatlichen Regulierungsbehörden.

Während in einigen Ländern, beispielsweise in Großbritannien oder auch in Deutschland, der Staat im Gegenzug zur finanziellen Hilfestellung Minderheits- oder auch Mehrheitseigentümer vieler Banken wurde, verzichtete die österreichische Regierung aus mir unverständlichen Gründen auf diese Maßnahme. Nicht nur gab man damit viel Geld aus der Hand, man setzte sich auch dem Vorwurf aus, dass zwar die Steuerzahler, aber nicht die Eigentümer, sprich Aktionäre, ihren Beitrag zur Bankenrettung leisten mussten. Um nicht missverstanden zu werden: Die Rettung der Banken war hundertprozentig richtig und unverzichtbar. Aus heutiger Sicht hätte man auch den Kollaps der US-Bank Lehman Brothers, die den Beginn der Krise markierte, verhindern müssen. Ohne die staatliche Intervention in allen westlichen Ländern hätten wir eine Wirtschaftskrise mit Massenarbeitslosigkeit und allen damit verbundenen politischen Konsequenzen erlebt, von der wir uns auch heute noch nicht erholt hätten.

Leider sind jedoch alle Ankündigungen, die Kontrollmechanismen der Finanzwirtschaft so zu verschärfen, dass eine Wiederholung der Finanzkrise von 2007 nicht mehr möglich ist, großteils im Sand verlaufen. Die meisten amerikanischen und europäischen Banken sind zwar heute mit deutlich mehr Eigenkapitel ausgestattet als damals, wesentliche Gesetze, wie zum Beispiel die Wiedereinführung der Trennung von Investmentbanken und kommerziellen Geldinstituten, sind jedoch am massiven Widerstand der Bankenwirtschaft gescheitert.

Die politische Konsequenz der Finanzkrise war ein massiver Vertrauensverlust in das Wirtschafts- und Gesellschaftssystem bei weiten Teilen der Bevölkerung. Viele Menschen hatten nicht nur ihre Ersparnisse in Spekulationspapieren angelegt, sondern auch Kredite für Häuser aufgenommen, die ihnen buchstäblich nachgeworfen worden waren, mit der Erwartung, dass sich der Wert des Grundbesitzes automatisch erhöhen würde. Im Zuge der Bankenrettung wurden zwar die Spareinlagen gesichert, aber die Menschen, die ihre Kredite nicht zurückzahlen konnten, wurden von den Banken enteignet und verloren damit Haus und Hof. Insofern entstand in allen westlichen Ländern, insbesondere aber in den USA, bei vielen Menschen der Eindruck, dass zwar den Verursachern der Krise, nicht aber ihren Leidtragenden geholfen wird.

Aus meiner Sicht war dies ein schwerwiegender Fehler. Wenn man schon richtigerweise Banken rettet und damit auch private Spareinlagen sichert, dann hätte man auch die Verluste bei den Investments minimieren und die Enteignungen der Häuser im Zuge der Krise verhindern sollen. Dieser Grundfehler hat das Vertrauen in das gesamte System erschüttert. Das Vertrauen in die Institutionen, in soziale Gerechtigkeit, in die politische Klasse und damit in den Staat war dahin, in Amerika wie in Europa. Ich bin hundertprozentig sicher, dass es ohne die Finanzkrise weder Donald Trump noch die Brexit-Entscheidung der Briten gegeben hätte.

## DER ISLAMISTISCHE TERROR UND BUSHS IRAK-KRIEG

2001 ging die Präsidentschaft Bill Clintons nach acht Jahren zu Ende und es gab erneut einen politischen Wechsel. Die auf Clinton folgenden acht Jahre der Präsidentschaft von George W. Bush waren geprägt vom Kampf gegen den islamistischen Terrorismus und von der ideologischen Vision, den Nahen Osten zu demokratisieren. Ausgangspunkt war der Terroranschlag auf die beiden Türme des World Trade Centers am 11. September 2001, bei dem fast 3000 Menschen ums Leben kamen. Es folgten 2001 der Afghanistan-Krieg, der noch von allen NATO-Verbündeten sowie von Russland unterstützt wurde, und der Irak-Krieg im Jahre 2003. Dieser muss aus heutiger Sicht nicht nur als gescheitert betrachtet werden, sondern wurde auch auf Basis gefälschter Dokumente begonnen. Der Glaube vieler politischer Repräsentanten in den USA, dass man die Menschen nur vom Diktator Saddam Hussein befreien müsste und damit die Grundlage für einen demokratischen Irak geschaffen sei, zeichnete die unglaubliche Naivität der Politik George W. Bushs aus. Auch Barack Obama verfiel zehn Jahre später einem ähnlichen Trugschluss, als er glaubte, der Arabische Frühling würde die Entwicklung von demokratischen Systemen in Nordafrika zur Folge haben.

## SONDERFALL OBAMA

Die amerikanische Gesellschaft war seit der Wahl Bill Clintons und den Reaktionen der republikanischen Partei gespalten. Während bis zur Wahl Clintons amerikanische Politik in der Regel parteiübergreifend agierte und die meisten Beschlüsse so lange verhandelt wurden, bis eine große Mehrheit der Abgeordneten und Senatoren zustimmungsbereit war – auch, aber nicht nur wegen der Regel, dass man 60 von 100 Senatoren für die Beschlussfassung einer großen Anzahl von Gesetzen benötigt –, änderte sich dies schlagartig mit dem Beginn der Amtszeit Clintons. Ab diesem Zeitpunkt begann die Tätigkeit der Koch-Brüder, Inhaber milliardenschwerer Konzerne, die es sich zum Ziel gesetzt hatten, eine konservative Wende in wirtschaftspolitischer, aber auch ideologischer Hinsicht zu erzeugen und die größte Fundraising-Bewegung auf Seiten der Republikaner starteten. Die Religious-Right-Bewegung einerseits, die eine religiös-konservative Wende einleitete, und die Tea-Party-Bewegung andererseits, die den Einfluss des Staates auf ein Minimum beschränken wollte, waren Teil dieser konservativen Bewegung.

Auch der 2008 erstmals gewählte Barack Obama konnte diese Polarisierung nicht überwinden. Im Gegenteil: Er wurde von Beginn seiner Präsidentschaft an von den genannten Kräften, die die Oberhand in der republikanischen Partei gewonnen hatten, bekämpft. Trotzdem gewann er ein zweites Mandat im Jahre 2012, weil er seine Koalition aus Jugend, Frauen, Minderheiten, Arbeitern und Intellektuellen zusammenhalten konnte. Er war wie zuvor John F. Kennedy und mit Abstrichen Bill Clinton für viele Menschen ein Hoffnungsträger, eine politische Lichtgestalt. Sein größtes Problem waren die unrealistisch großen Erwartungen, die weite Teile der Bevölkerung in ihn gesetzt hatten. Die Latte, die er sich mit seinem „Yes, we can" gelegt hatte, war zu hoch. Die Republikaner blockierten ihn, wo es nur ging.

Obama ist immerhin mit der Verabschiedung von „Obamacare" eine Reform gelungen, die für amerikanische Verhältnisse als historisch zu bezeichnen ist. Erstmals ist der überwiegende Teil der amerikanischen Bevölkerung sozialversichert. Eine Reform, an der Bill Clinton noch gescheitert war. Auch wenn die republikanische Partei und insbesondere Präsident Trump alles unternommen haben, um die Reform rückgängig zu machen, ist dies nicht gelungen. Wohl auch aufgrund der Tatsache, dass eine klare Mehrheit der Amerikaner „Obamacare" gegenüber positiv eingestellt ist.

Außenpolitisch war Obama mit Ausnahme seiner Entscheidung, dem Drängen von Nicolas Sarkozy und David Cameron nachzugeben und militärisch in Libyen zu intervenieren, sehr erfolgreich. Die Wiedereinbeziehung des Iran in die Weltgemeinschaft, die Unterstützung des Pariser Klimaabkommens, die Befriedung des Verhältnisses zu Kuba sind historische Verdienste der Administration Obama. Sein

Glaube an den Arabischen Frühling und die Intervention in Libyen erwiesen sich allerdings als Irrglaube. Libyen ist heute ein unregierbarer Staat, der nicht mehr die Blockadefunktion gegenüber der Migrationsbewegung aus Afrika erfüllt, und in Ägypten regiert wieder das Militär, was zwar mit Sicherheit das kleinere Übel gegenüber einer Regierung der islamistischen Muslimbrüder ist, aber kaum demokratisch legitimiert ist.

## PUTIN, BREXIT UND DIE FLÜCHTLINGSKRISE

Einer der schweren Fehler des Westens nach dem Zusammenbruch der Sowjetunion war, Russland nicht respektvoll und als Partner gegenübergetreten zu sein. Im Glauben, dass das russische Imperium ein für alle Mal zusammengebrochen sei und in der Überzeugung, den osteuropäischen Staaten den Beitritt zur EU und einigen die NATO-Mitgliedschaft nicht verwehren zu können, brach man die – von den USA stets dementierte – Zusage, die NATO auszuweiten. Die Reaktion von Präsident Putin war eine langsame, aber konsequente Entfremdung gegenüber den USA, aber auch gegenüber den europäischen Staaten. Sie mündete schließlich zuerst in der Invasion Georgiens und zuletzt in der Invasion der Krim und der De-facto-Besetzung des östlichen Teiles der Ukraine. Die nach dem Fall des Sowjetreiches bestehende Chance, dass sich Russland in Richtung einer demokratischen Gesellschaft entwickelt, war spätestens seit dem Irak-Krieg vertan. Heute ist Russland ein autoritär regiertes Land, das im Konflikt mit Westeuropa und den USA steht. Wladimir Putin ist ein populärer Präsident, der clever den russischen Nationalstolz bedient, wann immer es ihm gelegen erscheint, und dem es auch in der Phase des hohen Ölpreises gelang, den Lebensstandard einer Mehrheit der russischen Bevölkerung zumindest geringfügig zu erhöhen. Trotzdem:

Putin ist es nicht gelungen (vielleicht wollte er auch nicht), die in allen Teilen des Landes vorherrschende Korruption zu bekämpfen und damit die Minimalgrundlage für die Entstehung einer modernen Wirtschaftspolitik zu schaffen.

Bei allem Verständnis für die Ansicht Putins, dass der Westen seine Versprechen anlässlich der Vereinigung Deutschlands gebrochen hat, ist das Vorgehen der russischen Administration gegenüber der Ukraine, die Besetzung der Krim, die Aktivitäten gegenüber ehemaligen russischen Spionen in Großbritannien sowie die Einmischung des russischen Militärgeheimdienstes in den US-Präsidentschaftswahlkampf 2016 für den Westen nicht akzeptabel. Die vom Westen verhängten Sanktionen sind aus meiner Sicht zur Gänze gerechtfertigt, da ein Bruch des Völkerrechtes und der Versuch, demokratische Prozesse zu stören, nicht ohne Konsequenzen hingenommen werden können.

Die neben der Wahl Donald Trumps überraschendste und gleichzeitig tiefgreifendste politische Entscheidung in der jüngsten Vergangenheit war das Brexit-Votum der britischen Bevölkerung im Jahre 2016. Mit knapp 52 Prozent entschieden sich die Wählerinnen und Wähler für den Austritt des Vereinigten Königreichs aus der EU. Eine Entscheidung, die – glaubt man den Meinungsforschern – das Resultat aus einer Unzufriedenheit mit der Tory-Regierung (Stichwort: radikale Einsparung im sozialen Bereich), der Angst, dass es beim Verbleib in der EU zu einer Massenimmigration türkischer Bürger käme (polemisch vorgetragen durch den heutigen Premierminister Großbritanniens, Boris Johnson, der selbst türkische Vorfahren hat) und schlichter Lügen (der Austritt würde 352 Mio. Pfund wöchentlich für das Gesundheitssystem bringen) war.

Niemand – auch kaum ein Politiker – ahnte, wie sehr nach Jahrzehnten des Binnenmarktes die britische Wirtschaft mit der Wirtschaft der übrigen europäischen Länder vernetzt ist und wie schwierig es sein wird, die administrativen und politischen Grundlagen für einen Austritt zu schaffen. Und was politisch noch bedeutender ist: Großbritannien ist aufgrund der Brexit-Entscheidung quer durch beide großen Parteien ein zutiefst gespaltenes Land. Für die Bevölkerung bedeutet der geplante Austritt, noch bevor er vollzogen wurde, einen massiven Schaden. Der ehemalige Stellvertreter Margaret Thatchers, Michael Heseltine, meinte zutreffend, dass mit der Brexit-Entscheidung die ältere Generation, die mehrheitlich für den Austritt gestimmt hatte, der heutigen Jugend Großbritanniens die Zukunft stehle.

Besonders traurig ist in diesem Zusammenhang das Verhalten der Führung der Labour Party. Jeremy Corbyn, Zeit seines politischen Lebens ein EU-Skeptiker, konnte sich bis heute nicht zu einer klaren Pro-EU-Haltung durchringen. Dabei bin ich überzeugt, dass eine Labour Party, die ohne Wenn und Aber ein zweites Referendum im Falle ihrer Wahl verspricht, einen überzeugenden Wahlsieg erringen könnte.

Mit ein Grund für die Brexit-Entscheidung war die Angst vor einer unkontrollierbaren Migrationsbewegung im Anschluss an die durch den Syrien-Krieg hervorgerufene Flüchtlingskrise in Europa in den Jahren 2015 und 2016. Allein in Deutschland wurden 2015 mehr als eine Million Asylanträge entgegengenommen, in Österreich mehr als 100.000. Viele Österreicherinnen und Österreicher hatten den Eindruck, dass es noch viel mehr waren, da ein signifikanter Teil der Flüchtlinge auf dem Weg nach Deutschland durch Österreich gereist war. Die staatlichen Stellen waren in jedem Land Europas völlig unvorbereitet und der Krise zumindest in den ersten Wochen und Monaten nicht gewachsen. Der sichtbare Kontrollverlust der staatlichen Institutionen verwandelte die anfangs riesige Hilfsbereitschaft alsbald in eine nicht minder starke negative Haltung gegenüber den Flüchtlingen. Die Grundlage für das Erstarken ausländerfeindlicher Parteien wie der FPÖ in Österreich oder der AfD in Deutschland waren die Folge.

Die Zerstrittenheit der EU-Länder, wie die Flüchtlingskrise zu bewältigen sei, hat in diesem Zeitraum sowohl zu einer verstärkt EU-kritischen Haltung in der Bevölkerung geführt, als auch Parteien wie die FPÖ, die Lega Nord in Italien, den Front National in Frankreich den Austritt aus der EU im Falle ihrer Regierungstätigkeit ankündigen lassen. Das Migrationsthema ist heute einer jener Bereiche, der auf die Wahlentscheidung den größten Einfluss hat. Auch Sebastian Kurz hat seinen erfolgreichen Wahlkampf im Jahr 2017 vor allem mit dem Thema Migration geführt.

# 6. ERNEUERUNGS-MODELLE FÜR DIE VISION SOZIAL-DEMOKRATIE

Die Wiederverschärfung des Nord-Süd-Konfliktes, die sich weiter öffnende Schere zwischen „reichen“ und „armen“ Nationen, die drohende Umwelt- und Klimakatastrophe, der islamistische Terror, die Gefahr des Rechtsradikalismus und die langfristig ungelöste Migrationsbewegung von Afrika nach Europa sind nur einige Themen, auf die die sozialdemokratische Bewegung Antworten finden muss, will sie wieder den Anspruch auf Führung übernehmen.

**DIE SOZIALDEMOKRATIE** in Europa steckt insgesamt in einer veritablen Krise. Vergangen sind die Zeiten, in denen die meisten europäischen Länder von Sozialdemokraten regiert wurden. Es gibt viele Erklärungsversuche für diese Entwicklung, eine davon stammt von Ralf Dahrendorf, dem liberalen Historiker, der meinte, das 20. Jahrhundert sei das sozialdemokratische Jahrhundert gewesen – und damit sei die historische Aufgabe der Sozialdemokratie erfüllt.

Ist dem wirklich so? Ich möchte dieser Ansicht mit einem Zitat des griechischen Ökonomen und Ex-Finanzministers Yanis Varoufakis entgegentreten, der in seinem Buch *Talking to my daughter about the economy* schreibt: „All babies are born naked, but soon after some are dressed in expensive outfits (...), while the majority wear rags."[7] Solange diese Feststellung auch nur ansatzweise ihre Richtigkeit hat, ist die Aufgabe der Sozialdemokratie noch lange nicht beendet.

Die Sozialdemokratie begann vor mehr als hundert Jahren als emanzipatorische Bewegung, die alsbald wesentliche politische Veränderungen durchsetzen konnte und auch durch zwei Weltkriege nichts von ihrer Vision und ihrer Durchsetzungskraft eingebüßt hat. Die zweite Hälfte des 20. Jahrhunderts wurde von ihren Ideen geprägt, sie hatte wesentlichen Anteil am Erfolg der europäischen Demokratien.

Warum aber endete dieser Erfolg – zumindest vorübergehend – in der zweiten Dekade des 21. Jahrhunderts? Bestimmt nicht, weil die Grundwerte der Bewegung – Freiheit, Gleichheit, Gerechtigkeit und Solidarität – allesamt als durchgesetzt betrachtet werden können. Im Gegenteil! Wir erleben, dass die Ungleichheit größer wird, und zwar in einem atemberaubenden Ausmaß.

Der in den ersten Jahrzehnten nach dem Zweiten Weltkrieg domestizierte Kapitalismus, der in Form der sozialen Marktwirtschaft allen Teilen der Bevölkerung einen Zuwachs an Lebensqualität und Einkommen verschaffte, wandelt sich – vor allem durch die zunehmende Dominanz der Finanzwirtschaft – wieder um vieles stärker in seine ursprüngliche radikalliberale Form.

Und während selbst viele konservative Parteien in der zweiten Hälfte des vorigen Jahrhunderts sozialdemokratische Themen wie Bildung und Gesundheit für alle Bevölkerungsschichten in gleichem Maße zugänglich machen wollten, sind wir heute auf dem besten Wege zu einer Zweiklassengesellschaft, in der ausgezeichnete Bildung und medizinische Versorgung nur jenen zur Verfügung stehen, die dafür auch zusätzlich bezahlen können.

## SOZIALDEMOKRATIE IN DER DEFENSIVE

Wie also kommt es, dass sich die meisten sozialdemokratischen Parteien Europas in der Defensive befinden? Ich sehe dafür drei Hauptgründe:

1. Das Aufstiegs- und Wohlstandsversprechen der Nachkriegszeit hat für einen großen Teil der Bevölkerung keine Gültigkeit mehr. Der wirtschaftliche Fortschritt geht an vielen Menschen vorbei. Hohe Arbeitslosenra-

ten, verschärft durch eine zum Teil dramatische Jugendarbeitslosigkeit, teures Wohnen sowie der starke Zuwachs des Niedriglohnsektors, der einer immer größer werdenden Zahl von Arbeitnehmerinnen und Arbeitnehmern de facto Lohnerhöhungen versagt, wird in erster Linie der Sozialdemokratie angelastet.

2. Der Sozialdemokratie wird insbesondere von ihrer ehemaligen Stammwählerschaft der Vorwurf gemacht, sich von den Lebensrealitäten breiter Bevölkerungsschichten entfernt zu haben. Der Philosoph Robert Pfaller beschrieb diesen Vorwurf überspitzt formuliert folgendermaßen: „Wenn in Europa die Sozialdemokratie nur noch steht für Binnen-Is, Rauchverbote und Ratschläge für den Umgang mit Zwischengeschlechtlichkeit, dann braucht man sich nicht zu wundern, dass Eltern, die nicht wissen, wie sie ihren Kindern den Schulausflug bezahlen sollen, anders wählen."

   Das entscheidende Wort hier ist das Wort „nur". Die genannten sind alles Themen, welche selbstverständlich *auch* von der Sozialdemokratie besetzt werden soll. Aber eben nicht nur. Was aber vielerorts im letzten Jahrzehnt auch gefehlt hat, ist der Fokus auf die wirtschaftliche Lebensgrundlage vieler Menschen: steigende Mieten, steigende Mobilitätskosten, Einschränkung von Kindergartenzeiten – Dinge, die den Lebensalltag direkt betreffen.

3. Der Sozialdemokratie ist es in den vergangenen Jahren in keiner Weise gelungen, den durch Globalisierung, Migration und technologischen Wandel entstandenen Zukunftsängsten ein optimistisches Zukunftsszenario entgegenzusetzen. Die Themen kulturelle Identität, Sicherheit und technologischer Wandel warten noch auf klare sozialdemokratische Antworten. Die Frage, die sich derzeit allen sozialdemokratischen Parteien Europas stellt,

lautet: Mit welcher Zukunftsstrategie, mit welchem Narrativ, kann eine Mehrheit der Bevölkerung überzeugt werden, dass es sich auch im 21. Jahrhundert lohnt, den Werten und Ideen der Sozialdemokratie zum Durchbruch zu verhelfen?

## PARTEI DES „DRITTEN LAGERFEUERS“

Alle drei von mir angeführten Gründe zeigen das Dilemma auf, in dem die Sozialdemokratie heute in Österreich und in weiten Teilen Europas steckt. Sie verfügt über keine klare politische Linie, ist oftmals gefangen im Klein-Klein der Verwaltungstätigkeit ihrer politischen Protagonisten, versucht in erster Linie den Status quo zu erhalten und zu rechtfertigen und verfügt über wenige Vertreter, denen man Charisma zuschreiben kann. Oder brutaler ausgedrückt: Es fehlt eine klare politische – und ich füge hinzu, progressive – Zukunftsvision der Sozialdemokratie, überbracht von glaubwürdigen und authentischen Vertretern der Bewegung. Es fehlt das Narrativ der Sozialdemokratie für die erste Hälfte des 21. Jahrhunderts; ein Narrativ, das dem Wandel unserer Lebensbedingungen Rechnung trägt.

Wir leben in einer Zeit des Umbruchs – in technologischer, wirtschaftlicher und gesellschaftlicher Hinsicht. Eines Umbruchs, wie wir ihn seit dem Zweiten Weltkrieg nicht erlebt haben. Eines Umbruchs, der bereits viele, aber bei Weitem noch nicht alle Lebensbereiche erfasst hat. Weitreichende technologische Veränderungen bilden die Grundlage einer neuen industriellen Revolution, deren Auswirkungen auf unser Arbeits- und Sozialsystem wir derzeit nur erahnen können. Die Globalisierung der wirtschaftlichen Zusammenhänge erfordert rasches und vor allem globales wirtschaftliches Handeln, was angesichts der bestehenden Verwerfungen auf europäischer Ebene schwierig zu gestalten ist. Die Wiederverschärfung des Nord-Süd-Konfliktes, die sich weiter öffnende Schere zwischen „reichen“ und „armen“ Nationen, die drohende Umwelt- und Klimakatastrophe, der islamistische Terror, die Gefahr des Rechtsradikalismus und die langfristig ungelöste Migrationsbewegung von Afrika nach Europa sind nur einige Themen, auf die die sozialdemokratische Bewegung Antworten finden muss, will sie wieder den Anspruch auf Führung übernehmen.

Genau diese fehlenden bzw. nicht klar formulierten Antworten stürzen viele Menschen in ein Wechselbad der Gefühle zwischen Euphorie und Angst. Sie führen zu einer Eiseskälte am gesellschaftlichen „Lagerfeuer“, zu einer Spaltung der gesellschaftlichen Meinung hinsichtlich der Frage, wie man diesen oftmals radikalen Veränderungen begegnen soll.

Die einen – die „Kulturoptimisten“ – preschen nach vorne, oftmals ohne Rücksicht auf Verluste und auch ohne Rücksicht auf die Ängste der Mitmenschen zu nehmen; sie sehen *nur* die Zukunft und scheren sich nicht um die Erfahrungen der Vergangenheit; sie glauben, dass das Neue in jedem Fall nur besser sein kann als das Alte. Für diese Gruppe bedeutet dies, dem uneingeschränkten Fortschrittsglauben zu huldigen. Vereinfacht gesagt sehen sie das „Silicon Valley“ als Lösung der Menschheitsprobleme gemäß dem Prinzip, dass Fortschritt nur erreichbar ist, wenn es möglichst keine Regulierungseinschränkungen gibt. Man nimmt in Kauf, dass sich der Stärkere durchsetzt und es auch Verlierer gibt. Das ist das „The winner takes it all“-Gesellschaftsmodell. Der Staat soll sich auf Sicherheitspolitik und Außenpolitik konzentrieren und den Rest dem Markt überlassen.

Die anderen – die „Kulturpessimisten“ – sehen das Heil im Zurückdrehen, im Abschotten, im Verbieten. Sie wollen aufhalten, stehen auf der Bremse. Sie wollen ein Stück der

Vergangenheit zurück, das Gewohnte, das Bekannte bewahren. Ihre Vision ist, den Fortschritt zu stoppen. Grenzen und Mauern müssen wieder errichtet werden, auch in ideologischer Hinsicht. Der Globalisierung und dem Freihandel muss Einhalt geboten werden, der schon tot geglaubte wirtschaftliche Protektionismus erlebt ein Comeback. Alles wird in Gut und Böse eingeteilt. Die Vergangenheit ist gut, die Gegenwart schlecht. Alles Vertraute ist gut, alles Fremde böse. Die alten Lebensmodelle sind gut und richtig, die neuen wider die Natur und falsch. Freiheit muss eingeschränkt sein, nur dann kann eine Gesellschaft funktionieren.

Glücklicherweise gibt es zwischen diesen beiden Polen noch viele Abstufungen, aber radikale Stimmen auf beiden Seiten gewinnen an Einfluss. Die Spaltung der Gesellschaft ist zu einem der größten Probleme unserer Zeit geworden. Genau diese Spaltung, diese Radikalisierung legt der Sozialdemokratie aber auch die Pflicht auf, für ein „Drittes Lagerfeuer" einzutreten, denn die Sozialdemokratie kann keine dieser beiden Positionen einnehmen.

Die Sozialdemokratie muss eine Vision, ein Narrativ entwerfen, das ein klares Ja zum Fortschritt und ein unbedingtes Ja zum Wandel enthält, das aber gleichzeitig dafür sorgt, dass dieser Wandel von einem effizienten Staat begleitet, kontrolliert und – wo notwendig – auch im sozial positiven Sinne beeinflusst bzw. beschränkt wird. Ja, auch in der digitalen Welt braucht es Regeln und Gesetze – genauso wie in der „analogen" Welt. Die Sozialdemokratie muss dafür sorgen, dass das einst so mächtige „Lagerfeuer" unserer westlichen Werteordnung mit seinen Grundpfeilern Freiheit, Demokratie, Menschenrechte, Meinungsfreiheit, aber auch Menschlichkeit und soziale Fairness, dass dieses Lagerfeuer nicht kleiner wird und nicht in Gefahr gerät, von den Umbruchsstürmen ausgeblasen zu werden.

Die Tatsache, dass die soziale Marktwirtschaft von den einen und die demokratisch-liberale Gesellschaftsordnung von den anderen in Frage gestellt wird, gibt der Sozialdemokratie die Möglichkeit, in einer sich radikalisierenden Gesellschaft eine Position der rationalen Vernunft und der gesellschaftlichen Mitte einzunehmen, die in vielerlei Hinsicht auch Alleinstellungsmerkmale beinhaltet. Denn ich glaube nicht, dass eine Mehrheit – schon gar nicht der Jugend – ein Gesellschaftssystem will, das aus 20 Prozent in jeder Hinsicht Bevorzugten und 80 Prozent in jeder Hinsicht Benachteiligten besteht. Und ich glaube schon gar nicht, dass eine Mehrheit der Bevölkerung dem Modell einer illiberalen Demokratie, wie es Viktor Orbán, Wladimir Putin oder Recep Tayyip Erdoğan vertreten, den Vorzug gibt.

## CORBYN ODER MACRON?

Derzeit gibt es auf europäischer Ebene für die Sozialdemokratie zwei Erneuerungsmodelle. Einerseits die Rückkehr zu traditionalistischen Auffassungen, wie es die Labour Party unter Jeremy Corbyn versucht, und andererseits ein fortschrittliches sozial-liberales Konzept, wie es der französische Präsident Emmanuel Macron versucht. Während man die Ideologie Jeremy Corbyns als „Zurück zur reinen Lehre" beschreiben kann, die sich fast ausschließlich über die Frage der sozialen Gerechtigkeit definiert, ist Macrons Ansatz ein breiterer und näher bei den sozialliberalen Ansichten des „Dritten Weges".

Jeremy Corbyn hatte bei der Wahl im Jahr 2017 nicht zuletzt als Reaktion auf die radikale Einsparungs- und Austeritypolitik der Tory-Regierungen Theresa May an den Rand einer Wahlniederlage gebracht. Tatsächlich ist heute dank David Camerons und George Osbornes Wirtschaftspolitik Großbritannien jenes Land Europas mit dem wirtschaftsliberalsten und sozial ungerechtesten Wirtschafts- und Sozialsystem. Sogenannte Null-Arbeitsverträge, wonach sich zwar der – meist jugendliche – Arbeitnehmer an ein Unternehmen bindet, aber der Arbeitgeber nicht verpflichtet ist, ihn auch nur eine Stunde wöchentlich zu engagieren bzw. zu bezahlen, sind nur ein Beispiel für die Tatsache, dass der Thatcherismus eine Hochblüte erlebt.

Eigentlich sollte das eine Idealsituation für einen sozialdemokratischen Spitzenkandidaten sein. Trotzdem liegt die Labour Party in den Umfragen weit abgeschlagen bei 20 Prozent, Kopf an Kopf mit den Liberalen, die sich als einzige der nationalen Parteien – die Grünen ausgenommen – für ein zweites Referendum und die Beibehaltung der EU-Mitgliedschaft ausgesprochen haben. Sowohl die unklare Haltung gegenüber Europa als auch die radikale antikapitalistische Wirtschaftsideologie, die zurück vor das Godesberger Programm der SPD und ebenso des SPÖ-Parteiprogramms geht, sind aus meiner Sicht dafür verantwortlich, dass aller Voraussicht nach auch der nächste Premierminister Großbritanniens nicht aus der Labour Party kommen wird. Ein moderner Labour-Führer wie etwa David Miliband, ehemaliger Außenminister und Umweltminister in den Kabinetten von Tony Blair und Gordon Brown, hätte alle Chancen, einen überwältigenden Wahlsieg zu erringen.

Macron ist noch vor dem Zusammenbruch der französischen Sozialdemokratie – ausgelöst durch eine unausgegorene Politik François Hollandes, der auch persönlich nie dem französischen Ideal eines Präsidenten entsprochen hat – aus der Parti Socialiste ausgetreten und hat erfolgreich eine breite Erneuerungsbewegung aufgebaut, die grundlegende sozialdemokratische Elemente beinhaltet. Letztlich muss man eingestehen, dass seine Wahl ein Zufallstreffer war und dem Versagen beider traditioneller Lager zu verdanken ist. Hätten die Konservativen in ihrer Vorwahl Alain Juppé und nicht François Fillon – der mit einem prononcierten Anti-Korruptionskurs angetreten war, aber nach kurzer Zeit zugeben musste, dass mehr oder minder seine gesamte Familie ohne nachgewiesene Arbeit von einem Unternehmer bezahlt wurde – zu ihrem Spitzenkandidaten gewählt, wäre Macron mit an Sicherheit grenzender Wahrscheinlichkeit nicht in die Stichwahl gekommen.

Macrons Vision ist die eines starken Europas und eines auch wirtschaftlich wieder erstarkten Frankreichs aufgrund von Steuersenkungen und Deregulierungen – Stichwort Arbeitszeitflexibilisierung – einerseits und einem 50-Milliarden-Euro-Investitionsprogramm andererseits, das gezielt in die Bereiche Gesundheit, Bildung, Energie und Landwirtschaft fließen soll. Sein Staatsbegriff ist der eines starken, aber effizienten Staates, der sozialen Ausgleich sucht. Ein besonderes Anliegen war und ist ihm, die Jugendarbeitslosigkeit zu verringern.

Nach ersten großen Erfolgen allerdings zeigte er eine erstaunliche soziale Unsensibilität, als er gleichzeitig ankündigte, die Vermögenssteuer aufheben und eine CO2-Steuer, die zu einer maßgeblichen Verteuerung von Benzin und Diesel geführt hätte, ohne soziale Gegenmaßnahmen einführen zu wollen. Dies ließ eine populistische Anti-Eliten-Bewegung entstehen, die sogenannte Gelbwesten-Bewegung, die rasch Hunderttausende Sympathisanten fand und viele Monate hindurch in Paris und allen anderen Großstädten Frankreichs oftmals gewalttätige Demonstrationen veranstaltete. Im Zuge dieser Protestaktionen musste Macron die Steuererhöhungen auf Benzin und Diesel zurücknehmen.

Meiner Ansicht nach steht im Mittelpunkt der ideologischen Auseinandersetzung „Corbyn versus Macron“ innerhalb der Sozialdemokratie die Frage, ob man der Ansicht ist, dass der derzeitige Status quo des kapitalistischen Wirtschaftssystems mit den besprochenen Fehlentwicklungen –

Stichwort: Dominanz der Finanzwirtschaft – reformierbar ist oder nicht. Mein Standpunkt ist eindeutig: Ich verhehle nicht, dass mir Macron nähersteht als Corbyn. Seine klare proeuropäische Haltung verbunden mit der Ansicht, dass Europa ein neues Investitionsprogramm benötigt; seine Vision eines starken Staates, dessen Fokus nicht auf der Verwaltung, sondern auf dem Investieren in Zukunftsbereiche liegt; seine klare Haltung gegen alle Formen der Ausländerfeindlichkeit; sein Bekenntnis zu einer radikalen Klimapolitik und seine – für mich glaubhafte – soziale Gesinnung erscheinen mir als eine zukunftsträchtigere Vision als die marxistisch geprägte „reine Lehre" Jeremy Corbyns.

## DER IRRWEG DER SPD

Wie schnell es mit einer sozialdemokratischen Partei bergab gehen kann, zeigt das Schicksal der SPD seit dem Rücktritt Gerhard Schröders. Erzielte die SPD 2005 unter Schröder noch 34,2 Prozent der Stimmen und lag damit nur knapp hinter den 35,2 Prozent der CDU/CSU, waren es bei der Bundestagswahl 2017 gerade noch 20,5 Prozent. Auch dieses Ergebnis scheint heute unerreichbar, denn die meisten Umfragen sehen die SPD bei um die 15 Prozent – Kopf an Kopf mit der AfD um den dritten Platz ritternd.

Was ist der Grund für diesen Absturz?

Aus meiner Sicht die mehrmalige Regierungsbeteiligung der SPD als Juniorpartner der CDU/CSU-Regierung. Die Koalition der beiden großen politischen Lager, die in Deutschland bis zum Jahre 2005 im Gegensatz zu Österreich keine Tradition hatte, hat das Bild der SPD in der Öffentlichkeit – oftmals ungerechtfertigterweise – vage und verschwommen gemacht. Auch und gerade weil die Politik in den Jahren der CDU/CSU-SPD-Koalition von 2005 bis 2009 und von 2013 bis heute vielfach von sozialdemokratischer Politik geprägt war und viele Schlüsselministerien von sozialdemokratischen Politikerinnen und Politikern besetzt waren. Die Erfolge der Regierung wurden Angela Merkel zugeschrieben, bei den Misserfolgen war die SPD mit dabei, nach dem Sprichwort: mitgefangen, mitgehangen.

Ich ziehe daraus den Schluss, dass eine Regierungsbeteiligung aus der Position des Zweiten – wenn es nicht staatspolitisch unumgänglich ist – keine Option sein sollte. Insbesondere der erneute Eintritt der SPD in die Regierung nach der desaströsen Wahlniederlage im Jahre 2017, die erst den Absturz hinter die Grünen hervorgerufen hat, zeigt die Konsequenzen deutlich auf. Die Maßnahmen, wie etwa die Milliardeninvestition in den Ausbau der Ganztagsschulen in benachteiligten sozialen Lagen; der Ausbau der Anteil erneuerbarer Energien; die Sicherstellung der gesetzlichen Rente auf nicht unter 48 Prozent oder ein Pflegesofortprogramm, die im Zuge der Koalitionsverhandlungen mit der CDU/CSU erreicht werden konnten, hätten aus meiner Sicht auch im Gegenzug für eine Unterstützung einer Minderheitsregierung der konservativen Parteien herausverhandelt werden können. Und die SPD hätte in allen anderen Fragen freie Hand gehabt zu versuchen, eine parlamentarische Mehrheit für ihre politischen Anliegen zu erzielen.

## MEINE VISION FÜR DIE SOZIALDEMOKRATIE

Wir leben in einer volatilen, unsicheren und komplexen Welt. Allein mit einer eindimensionalen Antwort, nur mit dem Fokus auf die Frage der sozialen Gerechtigkeit wird das Vertrauen in die Sozialdemokratie nicht wiederhergestellt werden können. Sie muss einer breiten Schicht der Bevölkerung die Zukunftsperspektive einer sozialen, gerechten, modernen und auf Leistung basierenden Gesellschaft bieten. Sie muss Antworten auf die wesentlichen Zukunftsfragen unserer Gesellschaft geben und gerade angesichts der immer stärker werdenden Individualisierung verständlich machen, warum die Werte Freiheit, Gleichheit, Gerechtigkeit und Solidarität verteidigt werden müssen.

Sie darf sich weder auf die „reine Lehre" zurückziehen noch dem Irrtum des Neoliberalismus erliegen, dass der Markt sich schon von selbst regle. Die Sozialdemokratie muss klare und eindeutige Antworten auf die Ängste der Menschen geben. Sie darf Fragen der kulturellen Identität nicht aussparen, muss das Thema Sicherheit in seiner gesamten Breite besetzen und darf Begriffe wie Heimat nicht den Rechtspopulisten überlassen. Und letztlich: Bei allem Risiko, das Veränderungen mit sich bringen, darf sich die Sozialdemokratie nie zu einer Bewegung des Status quo reduzieren. Konservativ, das sind die anderen.

Das verstehe ich unter der Vision Sozialdemokratie. Das ist für mich das sozialdemokratische Lagerfeuer, das sozialdemokratische Narrativ der ersten Hälfte des 21. Jahrhunderts.

[7] „Alle Kinder werden nackt geboren, aber bald danach werden einige in teure Kleider gesteckt (...), während der Großteil Lumpen trägt."

# 7. SOZIAL-DEMOKRATIE UND MIGRATION: ZEHN THESEN

Alle Menschen, auch und gerade Flüchtlinge, haben das Recht, vom Staat respektvoll behandelt zu werden. Dies gilt insbesondere für Menschen, die unmittelbaren Gefahren ausgesetzt sind. Menschen, die im offenen Meer um ihr Leben ringen, sind zu retten.

**ES IST WOHL** keine übertriebene Kritik festzuhalten, dass die Sozialdemokratie in Europa bis heute keine klare Antwort auf die Frage der Migration gefunden hat. Innerhalb der sozialdemokratischen Bewegung finden sich Befürworter einer (fast) uneingeschränkten Migration wie auch Politiker und Politikerinnen – siehe die neue dänische Ministerpräsidentin Mette Frederiksen –, deren Haltung zur Migrationsfrage sich nur unwesentlich von jener der rechtspopulistischen Parteien unterscheidet. Und auch in der SPÖ sind die Ansichten – hier der burgenländische Landeshauptmann Doskozil, dort Teile der Wiener SPÖ und der frühere Bürgermeister Michael Häupl – meilenweit voneinander entfernt. Es ist nicht einfach festzumachen, warum sich die Sozialdemokratie gerade in dieser Frage schwertut, eine ausgewogene Position zu beziehen.

Ein Aspekt, der diesen Umstand erklären könnte, ist die „sozialgeografische" Position der Bevölkerung. Warum ist in den meisten europäischen Ländern des Westens die Haltung zur Migration in den ländlichen Gegenden negativer als in den Städten? Und innerhalb der Städte in den Stadtteilen mit einer mehrheitlich sozial schwächeren Bevölkerungsstruktur negativer als in den Stadtteilen der wohlhabenderen Schichten? Wahrscheinlich weil die Migration nicht in „reichen“ Stadtteilen stattfindet, sondern in jenen, die ohnehin schon sozial benachteiligt sind. Das unmittelbare Erleben der Migrationsfolgen auf der einen Seite, aber auch das Vorwegnehmen von möglichen Migrationsfolgen – das insbesondere ländliche Regionen betrifft, die von Migration oft gar nicht betroffen sind – sind Faktoren, die die Haltung zum Thema Migration wesentlich beeinflussen. Und die örtlichen Vertreterinnen und Vertreter der Sozialdemokratie sind letzten Endes zumeist nicht extrem weit von der Grundstimmung ihrer Kernklientel entfernt.

Diese Erklärung enthebt aber nicht die führenden Köpfe in der Sozialdemokratie ihrer Verantwortung, eine umfassende Position zu diesem Thema zu haben. Im Folgenden mein Versuch, Thesen für eine sozialdemokratische Migrationspolitik aufzustellen:

## THESE 1: Wir brauchen Einwanderung, diese muss aber begrenzt werden.

Österreich hat seit 2015 gemeinsam mit Schweden und Deutschland pro Kopf die meisten Flüchtlinge aufgenommen. Das war nicht geplant und eine Folge der politischen Situation im Mittleren Osten sowie in den nordafrikanischen Staaten, die zuvor als „Bollwerk“ gegen die Migration aus Afrika gedient haben. Vor diesem Hintergrund kann in den nächsten Jahren – auch aus sozialdemokratischer Sicht – keine Einwanderung in nennenswertem Ausmaß stattfinden. Um kein Missverständnis aufkommen zu lassen: Das Asylrecht bleibt internationales Recht und ist auf Punkt und Beistrich einzuhalten. Aber auch Österreich kann die zusätzliche Aufnahme von Wirtschaftsflüchtlingen nicht verkraften, ohne dass es zu politischen Verwerfungen kommt, die unser gesamtes Gesellschaftssystem in Gefahr bringen.

## THESE 2: Der Staat muss wissen, wer sich hier niederlässt, und steuernd eingreifen.

Es ist kein Zeichen von staatlicher Überkontrolle, wenn Asylwerber und Migranten registriert werden. Der Staat – auch ein sozialdemokratisch geführter – hat nicht nur das Recht, sondern die Pflicht, jeden „Neuzugang" zu registrieren und seinen Aufenthalt auch örtlich zu erfassen. Insofern sind Grenzkontrollen und Ausweispflicht keine staatlichen Repressionsmaßnahmen, sondern dort anzuwenden, wo sie notwendig sind.

Gleichzeitig ist sicherzustellen, dass die Niederlassung von Flüchtlingen sozial verträglich organisiert wird. Für manche vielleicht überraschend nimmt Bayern diesbezüglich eine Vorreiterrolle ein. Im Gegensatz etwa zu den Verhältnissen in Frankreich und anderen europäischen Ländern hat Bayern die Niederlassung der Flüchtlinge beispielhaft in Zusammenarbeit mit den bayerischen Gemeinden so organisiert, dass Ghettobildungen und lokale Spannungen weitestgehend vermieden werden konnten.

## THESE 3: Asylverfahren sind so rasch wie möglich zu beenden.

Es liegt im Interesse der Asylwerber wie auch des Staates, so rasch wie möglich zu wissen, ob der/die Asylwerber/in Anspruch auf Niederlassung hat. Auch wenn Prozessverfahren im Interesse aller Beteiligten einzuhalten sind, muss es möglich sein, Asylverfahren innerhalb eines Jahres abzuschließen. Asylwerber jahrelang im Unklaren zu lassen, ob sie das Bleiberecht dauerhaft erhalten, ist unmenschlich.

Ebenso muss es möglich sein, Asylwerber, die nach Ausschöpfung des Instanzenzuges keine Aufenthaltsbewilligung erhalten, in ihr Heimatland rückzuführen.

## THESE 4: Das Erlernen der Landessprache ist Grundvoraussetzung für erfolgreiche Integration.

Das Erlernen der deutschen Sprache – bezogen auf die Einwanderer in Deutschland und Österreich – ist eine der Forderungen und Bedingungen, die der Staat an jede/n Einwanderer/in richten muss, denn ohne die Beherrschung der Landessprache ist Integration praktisch nicht möglich. Ohne ein Minimum an Deutschkenntnissen hat auch die Eingliederung in die Klassengemeinschaft keinen Sinn. Zuallererst muss das Erlernen der Landessprache erfolgen. Es ist daher auch im Interesse des Staates und seiner Bevölkerung, die notwendigen Ressourcen zur Verfügung zu stellen, um allen Einwanderern das Erlernen der Landessprache zu ermöglichen.

## THESE 5: „Wer die Gastfreundschaft verletzt, hat das Gastrecht verloren."

Dieser Aussage von Sahra Wagenknecht ist nichts hinzuzufügen.

## THESE 6: Islamismus und Parallelgesellschaften haben in unserer Gesellschaft nichts verloren.

Es gibt einen stichhaltigen Grund, warum in Österreich nationalsozialistisches Agieren und das Verbreiten solchen Gedankenguts verboten ist und mit Gefängnis bestraft wird. Für bekennende Salafisten und Islamisten sollte Ähnliches gelten. Islamische Kindergärten und Schulen sind hinsichtlich ihrer Erziehungsziele und Erziehungsmethoden zu kontrollieren. Moscheen und ihre Trägervereine sind auf ihre Rechtsstaatlichkeit zu überprüfen.

Es ist nicht zu übersehen, dass es zumindest in einigen Schulsprengeln – Stichwort „Brennpunktschulen" – Schwierigkeiten gibt, die Integrationsprobleme in den Schulen zu bewältigen. Wenn Mädchen aus religiösen Gründen nicht am Schwimmunterricht teilnehmen dürfen, wenn Druck auf Mitschüler ausgeübt wird, während des Ramadan im Schulhof nichts zu essen, dann sind das erste Anzeichen von Parallelwelten, die aus meiner Sicht nichts mit Religionsfreiheit zu tun haben und nicht hingenommen werden dürfen.

## THESE 7: Menschlichkeit und Migration sind keine Gegensätze.

Alle Menschen, auch und gerade Flüchtlinge, haben das Recht, vom Staat respektvoll behandelt zu werden. Dies gilt insbesondere für Menschen, die unmittelbaren Gefahren ausgesetzt sind. Menschen, die im offenen Meer um ihr Leben ringen, sind zu retten – unabhängig davon, wie sie in diese Lage gekommen sind, und unabhängig davon, ob sie letztlich in einem Asylverfahren ein Bleiberecht erhalten oder nicht.

Es verstößt auch gegen die Menschenrechte, Familien zu trennen. Nicht nur aus diesem Grund, sondern auch im Sinne einer Eingliederung in die Gesellschaft sind Familienzusammenführungen zu ermöglichen.

## THESE 8: Man kann Flüchtlinge nicht in ein Zielland zwingen.

Mir war stets schleierhaft, wie die sogenannte große europäische Flüchtlingslösung funktionieren soll. Weder waren viele europäische Staaten, insbesondere die osteuropäischen, dazu bereit, Flüchtlinge aufzunehmen, noch wollten die Flüchtlinge in diese Länder, da sie sich nachvollziehbarerweise dort nicht willkommen fühlten. Es stimmt zwar, dass die derzeitige europäische Regelung, wonach Asylwerber in jenem Land ihren Asylantrag stellen müssen, in dem sie erstmals europäischen Boden betreten, geändert werden muss, da sie einigen wenigen Ländern wie Italien und Griechenland den Großteil des Problems überantwortet. Dies sollte aber nicht durch eine Zwangsregelung erfolgen. Eine Zwangszuweisung von Flüchtlingen würde nur dazu führen, dass sowohl die von der Zwangszuweisung betroffenen Staaten wie auch die zwangsweise versetzten Flüchtlinge alles in ihrer Macht Stehende unternehmen, so rasch wie möglich in andere europäische Länder zu fliehen.

Wenn die vergangenen fünf Jahre eines klargemacht haben, dann die Erkenntnis, dass europäische Solidarität nicht erzwungen werden kann. Sehr wohl ist es aber möglich und sinnvoll für jene Staaten, die den Großteil der Flüchtlinge aufnehmen, finanzielle Hilfestellung zu gewährleisten und im Gegenzug jenen, die keine oder wenige Flüchtlinge aufnehmen, europäische Subventionen zu kürzen.

## THESE 9: Ein Marshallplan für Afrika ist der beste Grenzschutz.

Schon Bruno Kreisky hatte in den Siebzigerjahren im Rahmen der Diskussionen des „Club of Rome“ über den Nord-Süd-Dialog die Idee eines Marshallplans für Afrika in den Raum gestellt. Für jenen Kontinent, der von allen Regionen der Welt das größte Bevölkerungswachstum, gleichzeitig aber nach wie vor die größte Dichte an Armut, Hunger, Gewalt und Korruption aufweist.

Gelingt es nicht, den Menschen in Afrika, das nicht zu Unrecht als „verlorener Kontinent“ bezeichnet wird, eine Lebensperspektive in ihren Heimatländern zu bieten, wird eine Flüchtlings- und Migrationsbewegung entstehen, die um ein Vielfaches größer sein wird als jene im Jahre 2015. Über dieses Szenario sind sich die meisten Zukunftsforscher einig. Und die Klimakatastrophe, die sich abzeichnen wird, wenn wir nicht radikal den Kampf gegen den Klimawandel führen, wird als Migrationsbeschleuniger fungieren, da weite Teile Afrikas unbewohnbar werden.

Hier ist die Europäische Union gefragt, da schon aus geografischen Gründen das Ziel dieser Migrationsbewegungen nur Europa sein kann. Es müsste im Interesse der Staaten Europas sein, diesen Marshallplan gemeinsam zu entwerfen und zu finanzieren. Er wäre die bei Weitem nachhaltigste Lösung des Flüchtlingsproblems.

## THESE 10: Wir brauchen einen Integrationsvertrag mit jedem Asylsuchenden.

Integration vor Zuzug in den nächsten Jahren ist die inhaltliche Position der SPÖ, auf die man sich nach (zu) langen innerparteilichen Diskussionen als Kompromiss geeinigt hat. Das ist absolut richtig, wenngleich derzeit auch unbestritten, da die Flüchtlingsbewegung durch viele Maßnahmen der EU – vor allem durch den Vertrag mit der türkischen Regierung – fast zum Stillstand gekommen ist.

Integration heißt für mich, dass jede und jeder, die/der das Recht hat, in Österreich aufgenommen zu werden – und das Asylrecht gibt hier klare Vorgaben, auf wen dies zutrifft –, auch das Anrecht hat, unter menschenwürdigen Bedingungen in unserem Land zu leben. Der Staat soll diese Personen dabei unterstützen eine Wohnung zu finden, die deutsche Sprache zu erlernen und eine Ausbildung zu absolvieren, sodass sie eine bessere Chance auf einen Arbeitsplatz haben. Wobei ich festhalten möchte, dass ich es für eine der größten Dummheiten unseres derzeitigen Asylverfahrens halte, dass es den Asylwerbenden verboten ist, eine Arbeit anzunehmen, mit der sie ihren Lebensunterhalt bestreiten können. Auch sollten Jugendliche, die während des Wartens auf ihren Asylbescheid eine Lehre beginnen, diese beenden dürfen. Schließlich wird ein ausgebildeter Jugendlicher, der aufgrund eines abgelehnten Asylbescheides in sein Heimatland zurückkehrt, bessere Chancen haben, sich dort erfolgreich eine Existenz aufzubauen. Arbeiten zu dürfen ist die erste Grundlage einer erfolgreichen Integration und es gibt in Österreich viele soziale Einrichtungen, die wahrlich zusätzliche Hilfe benötigen würden.

Auf der anderen Seite des Integrationsvertrages muss stehen, dass jede und jeder, die/der nach Europa bzw. Österreich kommt, ein Bekenntnis zu den europäischen Werten abgibt. Die Trennung von Staat und Kirche, eine unabhängige Gerichtsbarkeit, Meinungsfreiheit, die Gleichstellung von Mann und Frau sowie die Akzeptanz der Religionsfreiheit sind unverzichtbare Bestandteile der europäischen Werte und damit des von mir propagierten Integrationsvertrages. Integrieren kann man sich nur, wenn man die Regeln des Hauses, in diesem Fall des Hauses Europa, akzeptiert. Jede und jeder, die/der diese europäischen Werte nicht respektiert und akzeptiert, hat in unserem europäischen Haus nichts verloren.

# 8.
# EIN SOZIAL-DEMOKRATISCHES EUROPA

Die Einheit Europas und die gemeinsame Währung werden heute innerhalb der Sozialdemokratie nicht im Geringsten in Frage gestellt. Die Sozialdemokratie darf sich – davon bin ich überzeugt – von keiner Partei in Sachen Europafreundlichkeit überholen lassen.

**EIN SOZIALDEMOKRATISCHES** Gesellschaftsmodell kann nur mit einer internationalen, einer europäischen Strategie durchgesetzt werden. Der Nationalstaat allein kann in einer globalisierten und digitalen Welt die Probleme des 21. Jahrhunderts nicht lösen. Ein starkes Europa, das größte Friedensprojekt der Nachkriegszeit, ist die Voraussetzung, um Prosperität und technischen Fortschritt mit Wohlstand und sozialer Gerechtigkeit zu verbinden. Ein einzelnes Land, und sei es noch so groß, wird wirtschaftlich in Zukunft nicht die Stärke haben, um gegen die Konkurrenz der amerikanischen und asiatischen Firmen auch nur annähernd Stellung beziehen zu können. Das wird demnächst Großbritannien nach dem Brexit erleben.

Die Sozialdemokratie nahm traditionell eine proeuropäische Haltung ein, selbst wenn es innerhalb der Sozialistischen Internationale durchaus kritische Meinungen zur Europäischen Union gab, für die die EU zu sehr kapitalistische Züge aufwies. Jeremy Corbyn ist einer, der bis heute die Skepsis gegenüber der Europäischen Union nicht gänzlich überwunden hat. In der SPÖ hingegen gab es bis in die Neunzigerjahre aufgrund der Selbstverpflichtung zur immerwährenden Neutralität eine Mehrheitsmeinung, die einen

Beitritt zur Europäischen Union mit dieser Verpflichtung als unvereinbar betrachtete. Doch dies ist längst Geschichte. Die Einheit Europas und die gemeinsame Währung werden heute innerhalb der Sozialdemokratie – vielleicht mit Ausnahme des linken Flügels der Labour Party – nicht im Geringsten in Frage gestellt. Die Sozialdemokratie darf sich – davon bin ich überzeugt – von keiner Partei in Sachen Europafreundlichkeit überholen lassen.

Diese Feststellung kann aber nicht darüber hinwegtäuschen, dass aus sozialdemokratischer Sicht das heutige Europa tiefgreifende Reformen benötigt. Die Vertiefung Europas im Sinne einer echten Solidargemeinschaft, der Abbau der überbordenden Bürokratie sowie eine gemeinsame Sicherheits-, Finanz- und Steuerpolitik sind Voraussetzungen für den zukünftigen Erfolg eines gemeinsamen Europas.

In wirtschaftlicher Hinsicht verhält sich die EU heute, als ob sie in einer Sackgasse steckt, in der es weder einen Weg nach vor noch zurück gibt. Zwar haben Freihandelszone und Zollunion in vielerlei Hinsicht das Wirtschaftswachstum Europas in den vergangenen Jahrzehnten verstärkt, doch gerade nach Einführung der gemeinsamen Währung in den meisten Staaten der EU ist die Entwicklung in Richtung gemeinsamer Wirtschafts-, Finanz- und vor allem Steuerpolitik aufgrund des Widerstandes vieler Länder steckengeblieben.

## EIN MEHR AN SOLIDARITÄT

Dabei sind sich fast alle Ökonomen darüber einig, dass eine gemeinsame Währung nur dann auf Dauer erfolgreich bestehen kann, wenn es auch eine um vieles stärkere wirtschaftliche Integration in Europa gibt, die letztlich auch zu einer verstärkten Solidarität zwischen den Staaten Europas führen muss. Eine Gemeinschaft mit einer gemeinsamen Währung und dem Recht auf freie Niederlassung, die auf der einen Seite Staaten wie Deutschland umfasst, deren reales Wirtschaftswachstum pro Kopf im vergangenen Jahrzehnt (2007–2017) um 20 Prozent gewachsen ist, und gleichzeitig Länder wie Italien, deren reales Bruttoinlandsprodukt um 10 Prozent gesunken ist – von Griechenland, das heute pro Kopf ein um 20 Prozent geringeres Wirtschaftswachstum aufweist als 2007, ganz zu schweigen –, kann auf Dauer ohne Solidaritätsmaßnahmen nicht zusammengehalten werden.

Der größte Gewinner der gemeinsamen Währung in Europa war und ist Deutschland. Wäre 2002 nicht der Euro als Zahlungsmittel eingeführt worden, würde heute der Wert der deutschen Währung um 30 bis 50 Prozent höher angesetzt werden müssen. Das wäre für den Exportweltmeister Deutschland – und die wirtschaftlich mit ihm stark verbundenen Staaten wie auch Österreich – der wirtschaftliche Super-GAU.

Es gibt zahlreiche Vorschläge, wie Solidaritätsmaßnahmen aussehen könnten, ohne Anreize für Staaten zu schaffen, die eine finanziell unvernünftige und den europäischen Richtlinien widersprechende Finanzpolitik betreiben. Der am häufigsten diskutierte ist zweifellos die Einführung von Eurobonds – vehement gefordert von den südeuropäischen Staaten und genauso vehement abgelehnt von Deutschland und vielen nordeuropäischen Staaten. Es gibt aber auch andere Ideen, die um vieles weniger umstritten sind. Eine davon ist der Vorschlag, dass jene Länder, die – wie etwa Deutschland derzeit – niedrige Finanzierungskosten aufweisen, einen Teil der dadurch erzielten Ersparnisse in einen europäischen Finanz-Stabilitätsfonds einzahlen, der wiederum jenen Staaten zugutekommt, die hohe Finanzierungskosten haben. Voraussetzung für die Inanspruchnahme der Hilfe wäre die Einhaltung der finanziellen Haushaltsverpflichtungen des jeweiligen Landes. Andere Überlegungen beziehen sich auf die Einrichtung einer europäischen Arbeitslosenversicherung aus der Anhäufung außenwirtschaftlicher Überschüsse, die Einführung von Mindeststeuersätzen sowie einer europäisch geregelten Finanztransaktions- und Digitalsteuer.

## EUROPAWEITES STEUERSYSTEM

Auch im Bereich des Steuersystems gibt es Änderungsbedarf. Steuern sind aufgrund der europäischen Verträge als nationale Angelegenheiten definiert, was man so schnell auch nicht ändern können wird. Trotzdem ist es nicht einzusehen und widerspricht der wirtschaftlichen Vernunft, dass einige Länder, die den allgemeinen Steuersatz auf das Mindeste reduziert haben, wie zum Beispiel Bulgarien, Ungarn und die Slowakei, gleichzeitig die meisten Subventionen erhalten. Die Einführung eines Mindeststeuersatzes, unter dem zustehende Subventionen durch die EU gekürzt würden, wäre ein wirksames Mittel gegen fortgesetztes Steuerdumping. Die Einführung einer europäischen Digitalsteuer würde dazu führen, dass die großen amerikanischen Konzerne auch in Europa ihren Verkäufen entsprechend Steuern zahlen müssten. Nach einer Studie des Internationalen Währungsfonds sind 40 Prozent der Auslandsinvestitionen – das entspricht einer Summe von 15 Trillionen (!) US-Dollar – weltweit ausschließlich dazu angetan, die globale Steuerbelastung von multinationalen Konzernen zu senken, indem die Investitionen durch nicht-operative Firmenhülsen geschleust werden. Selbst bei einem Steuersatz von nur 20 Prozent ergibt dies Steuerersparnisse von 3 Trillionen Dollar. Fast die Hälfte dieser Phantominvestitionen sitzt in Luxemburg und den Niederlanden. Auch Malta und Irland sind Weltmeister, wenn es darum geht, Beihilfe zum Steuersparen zu leisten.

Es widerspricht aus meiner Sicht dem Solidaritätsgedanken, dass europäische Staaten die Ansiedlung von Hauptquartieren dieser, zumeist amerikanischen, Konzerne mit Minimalsteuersätzen ködern. Auf diesem Wege sind viele Jahre lang Milliardeneinnahmen der europäischen Bevölkerung vorenthalten worden.

Und schließlich würde die Einführung einer Finanz- und Transaktionssteuer – seit zehn Jahren im Gespräch – dazu führen, dass Kapital im Vergleich zu Arbeit nicht so unterbesteuert ist, wie es derzeit der Fall ist.

## SUBSIDIARITÄTSPRINZIP, WO IMMER ES MÖGLICH IST

Die Bürokratie Europas ist eines der Probleme, das viele Bürgerinnen und Bürger in Europa mit großer Skepsis nach Brüssel blicken lässt. Es gibt dieses lustige Zitat von Jean-Claude Juncker, dass es eine seiner größten Lebensleistungen sei, mit Todesverachtung die europäische Harmonisierung von Toilettenspülungen verhindert zu haben. Die fast als Sucht zu bezeichnende Tendenz der EU-Bürokratie, alle Vorschriften zu harmonisieren, führt zu Bestimmungen wie die Festlegung des Krümmungsgrades von Bananen und vielem mehr. Wobei die Mitgliedsstaaten nicht von jeder Schuld freigesprochen werden können, da in erster Linie sie es sind, die diese Harmonisierungsvorschläge unterbreiten. Oft gelten diese dann aber als Beispiele für die Ineffizienz und Gängelung der Europäischen Union. Der Abbau der überbordenden Bürokratie und die Umsetzung eines sinnvollen Subsidiaritätsprinzips auch bei den meisten Vorschriften würde nicht nur Milliarden an Effizienz freisetzen, die anderweitig sinnvoll eingesetzt werden könnten, sondern würde auch zu einem signifikanten Vertrauensgewinn in die EU führen.

## EIN NEUER WACHSTUMSPAKT

In den vergangenen Jahren haben sich die Stimmen derer gemehrt, die angesichts der sinkenden Staatsinvestitionen in vielen Ländern Europas für eine außerordentliche Wachstumsinitiative eintreten. Gerade in einer Zeit von Null- und Negativzinsen ergibt es wenig Sinn, eine Null-Schulden-Politik zum obersten wirtschaftlichen Grundsatz zu machen. Im Gegenteil: Solange die Zinsen auf dem derzeitigen Niveau sind, gilt es zu investieren, gilt es Infrastrukturmaßnahmen zu setzen.

Zu Beginn der Diskussion waren fast nur Vertreter der Sozialdemokratie dieser Meinung. Heute stößt diese Idee auch bei wirtschaftsfreundlichen Politikern auf Zustimmung. Der französische Wirtschafts- und Finanzminister Bruno Le Maire spricht von einem europäischen Wachstumspakt und fordert insbesondere Deutschland auf, dafür Haushaltsmittel zur Verfügung zu stellen.

Für eine staatlich geförderte und europäisch koordinierte Wachstumsinitiative wären vor allem Maßnahmen im Kampf gegen den Klimawandel geeignet. Sie könnten eine ökologisch fokussierte Investitionswelle auslösen, die sowohl Wirtschaftswachstum erzeugt als auch einen positiven Beitrag zum Klima- und Umweltschutz leistet.

## MARSHALLPLAN FÜR AFRIKA

Es besteht kein Zweifel, dass der zunehmende Populismus, den gerade auch Europa erlebt, ein Ausdruck tiefer Verunsicherung und Verängstigung weiter Teile der Bevölkerung in Hinblick auf die Migrationswellen der Jahre 2015 und 2016 ist. Und es ist auch nicht schwer vorherzusagen, dass unser demokratisch-liberales Gesellschaftssystem in Gefahr gerät, sollte es in den nächsten Jahren zu einer Wiederholung dieser Ereignisse kommen. Eine neuerliche Einwanderung von mehreren Millionen Flüchtlingen nach Europa würden die meisten demokratisch gewählten Regierungen nicht überstehen.

Und dennoch sind Migrationswellen, insbesondere aus Afrika, in Zukunft unvermeidlich, sollten sich die wirtschaftlichen, sozialen und klimatischen Bedingungen auf dem afrikanischen Kontinent nicht signifikant verbessern. Ohne wirtschaftliche Hilfe von Europa wird dies nicht möglich sein. Ein „Marshallplan für Afrika" – mit wesentlicher Hilfe zur Selbsthilfe – ist aus meiner Sicht der einzige Weg, die zukünftige Migration aus Afrika in Grenzen zu halten. Es gilt die Hilfe vor Ort so zu organisieren, dass die Staaten nach einer gewissen Zeit aus eigener Kraft in der Lage sind, ihrer Bevölkerung wirtschaftliche Grundlagen zu bieten. Insbesondere die Hilfe bei allen Infrastrukturvorhaben eines modernen Landes, ob dies Häfen, Flughäfen, Eisenbahnlinien, sind; Hilfe bei der Energieversorgung samt Errichtung von Stromnetzen, Telefon- und Breitbandnetzen, Hilfe bei der Kanalisierung und vieles andere mehr. Und Europa könnte dies mit langfristigen, günstigen Krediten im Sinne einer echten Partnerschaft umsetzen – in klarem Gegensatz zu der Politik Chinas.

## BEKENNTNIS ZUR EUROPÄISCHEN WERTEGEMEINSCHAFT

Bei aller Bedeutung der europäischen Integration für die wirtschaftliche Zukunft unseres Kontinents ist Europa weit mehr als nur eine Wirtschaftsgemeinschaft. Europa ist – und das ist das Bedeutendste am europäischen Gedanken – auch eine Wertegemeinschaft. Eine Wertegemeinschaft, die auf den Werten der Französischen Revolution – Freiheit, Gleichheit und Brüderlichkeit – beruht. Europa steht für Frieden, für eine liberale Demokratie, für Menschenrechte, für Meinungsfreiheit, für die Trennung von Staat und Kirche, für friedliche Konfliktlösung, für die Gleichstellung von Mann und Frau, für Schulbildung für alle, unabhängig von ihrer Herkunft, für die Unabhängigkeit der Justiz, für sozialen Ausgleich. Je stärker und integrierter Europa ist, desto stärker sind diese europäischen Werte.

Schon deshalb kann es innerhalb der EU keine Kompromisse mit Staaten geben, die diese Werte unterwandern oder nicht respektieren. Um es in aller Eindeutigkeit zu sagen: Die „illiberale Demokratie", die Ungarns Premierminister Viktor Orbán bevorzugt und die die Meinungsfreiheit wesentlich einschränkt, oder die Beeinträchtigung der unabhängigen Justiz in Polen stehen im Gegensatz zu den Werten Europas. Ist die Staatengemeinschaft Europas, allen voran Deutschland und Frankreich, nicht willens oder fähig, notfalls mit Sanktionen die Respektierung der Werte Europas in allen Mitgliedsstaaten zu garantieren, wird die Idee Europa keine Zukunft haben. Wir können nicht auf der einen Seite von jenen, die zu uns kommen, die Respektierung dieser Werte berechtigterweise verlangen und andererseits Regierungen erlauben, diese Werte zu untergraben.

## FÜR EUROPA STELLUNG BEZIEHEN

Die europäische Idee hat zu Beginn insbesondere deswegen so gut funktioniert, da die führenden Politiker Europas – ob es Willy Brandt, Helmut Schmidt oder Helmut Kohl in Deutschland, François Mitterand oder Valéry Giscard d'Estaing in Frankreich waren – für Europa Stellung bezogen haben, Europa erklärt haben. Auch in Österreich waren Franz Vranitzky und Erhard Busek nicht nur überzeugte Europäer, sie haben die Vorzüge von Europa auch der Bevölkerung nähergebracht.

Heute braucht Europa mehr denn je den Mut „zur großen Rede".

So wie es die Entspannungspolitik ohne die leidenschaftlichen Reden Willy Brandts nicht gegeben hätte, müssen die Vorzüge Europas wieder verstärkt ins Bewusstsein der Bevölkerung gebracht werden, müssen der Sinn und die Ziele Europas erklärt werden. Emmanuel Macron, Angela Merkel, aber auch alle Sozialdemokraten in Europa sind gefragt, die „große europäische Rede" zu halten.

# 9.
# DAS POLITISCHE PROGRAMM EINER NEUEN SPÖ

Die Sozialdemokratie im Allgemeinen und die SPÖ im Konkreten sind schlecht beraten, sich in die Reihe jener einzureihen, die einem latenten Zukunftspessimismus frönen. Im Gegenteil: Die SPÖ muss wieder Selbstbewusstsein ausstrahlen und mit einer Portion Optimismus die Zukunft gestalten wollen. Will sie Wahlen gewinnen, muss sie die Debatte über die Zukunft führen. Denn den Wettlauf um das Gestern gewinnen immer die Gestrigen.

**DIE SPÖ** war und ist traditionell eine Partei, die programmatisch links von der Mitte angesiedelt ist. Auch wenn es zu jeder Zeit führende Funktionäre gab, die die SPÖ inhaltlich stärker nach links rücken wollten, stellten sie niemals die Mehrheit. Jedenfalls zu keiner Zeit seit dem Ende des Zweiten Weltkrieges. Dies ist aus meiner Sicht ein wesentlicher Grund dafür, warum die SPÖ in der Lage war, in den vergangenen 50 Jahren 42 Jahre lang den Bundeskanzler zu stellen.

Die Positionierung links von der Mitte sollte unbedingt beibehalten werden. Weder ein „Zurück zur reinen Lehre" noch die Übernahme populärer, aber im Zweifelsfall nicht sozialdemokratischer Positionen in der Frage der Migration können und sollen die politische Linie der SPÖ prägen.

In Anlehnung an die grundsätzliche politische Ausrichtung der Sozialdemokratie (siehe Kapitel 2) soll sich die SPÖ inhaltlich in den nächsten Jahren auf die folgenden sechs Ziele konzentrieren:

1. Unser Wirtschaftssystem sozialer gestalten.
2. Den Kampf gegen den Klimawandel radikal in Angriff nehmen.
3. Die Wirtschaft durch Deregulierungen – dort, wo dies nicht zu unzumutbaren Risiken und Nachteilen für die

Arbeitnehmer führt – und Investitionsförderungen unterstützen.
4. Bildung für alle zu einem zentralen Thema machen.
5. Das Thema Sicherheit nicht den Rechtspopulisten überlassen.
6. Die Staatsaufgaben und damit auch die Staatsausgaben neu definieren.

Keines dieser Ziele und nur wenige der Forderungen sind ausschließlich von der SPÖ besetzt, aber für die Gesamtheit aller steht nur sie allein.

## 1. Die SPÖ ist die Schutzpartei der sozial Schwächeren, die Partei des sozialen Ausgleichs und der sozialen Gerechtigkeit („Weil es um *alle* und nicht nur um *einige wenige* geht.“)

Oberstes Prinzip des Grundsatzes „Soziale Gerechtigkeit“ muss sein, dass der Staat seine Schutzfunktion insbesondere in sozialer Hinsicht ausübt. Die sozial Schwächeren sind jene Gruppe, für die der Staat in erster Linie zu sorgen hat, sie müssen Priorität haben. Genau dieser Punkt unterscheidet jede sozialdemokratische Partei von den wirtschaftsliberalen, konservativen Parteien.

Soziale Gerechtigkeit, Fairness, Menschlichkeit, Chancengerechtigkeit sind sozialdemokratische Werte, die nichts von ihrer Gültigkeit verloren haben. Sie sind aber auch Slogans, die für die meisten Menschen nur mehr Schlagwortcharakter haben. Sich alleine auf die Attraktivität dieser Begriffe zu verlassen ist zu wenig, denn die Ängste und Fragen der Menschen sind um vieles konkreter.

Die Abstiegsängste insbesondere der schwächeren sozialen Schichten sind real. „Wie komme ich trotz 40 Stunden

Arbeit über die Runden?"; „Warum steigen die Mieten deutlich stärker als mein Gehalt?"; „Wie kann ich als Alleinerziehende Arbeit und Kinderbetreuung vereinbaren?"; „ Wie wird sichergestellt, dass ich im Alter die notwendige Pflege erhalte, ohne als Bittsteller auftreten zu müssen?" sind nur einige der oft gestellten Fragen, auf die die SPÖ überzeugende Antworten geben muss.

Diesen Befürchtungen kann mit einem Maßnahmenpaket entgegengetreten werden. Einige der Maßnahmen möchte ich konkret anführen:

## • EINFÜHRUNG EINES GESETZLICHEN MINDESTLOHNS

Ein gesetzlicher Mindestlohn von 10 Euro pro Stunde (oder umgerechnet ca. 1.700 Euro bei einer 40-Stunden-Woche) darf für ein reiches Land wie Österreich keine Utopie sein. Es kann sein, dass dies für einige wenige Industrien und Unternehmen konkurrenzmäßig schwierig sein kann. Dann muss dies entweder durch Steuerbegünstigungen und/oder staatliche Förderungen ausgeglichen werden. Die Sozialpartnerschaft kann diesbezüglich als Gutachter der staatlichen Unterstützung fungieren. Trotzdem würde ich die Umsetzung des gesetzlichen Mindestlohns *nicht* den Sozialpartnern und den Kollektivvertragsverhandlungen überlassen, auch wenn die Gewerkschaften und die Wirtschaftskammer dagegen Sturm laufen werden.

## • EIN SOZIALES WOHNBAUPROGRAMM

Die Tatsache, dass in den vergangenen zehn Jahren die Mietkosten vor allem in den Städten massiv gestiegen sind, hat unter anderem mit dem Umstand zu tun, dass der Wohnungsbau mit den steigenden Bevölkerungszahlen, den vermehrten Singlehaushalten und dem Faktum, dass Jugendliche früher von zu Hause ausziehen, unzureichend mitgehalten hat. Zwar ist die Anzahl der Baubewilligungen in den letzten

Jahren deutlich gestiegen – nicht zuletzt aus Gründen fehlender Alternativen bei der Veranlagung von Eigenkapital –, doch wird vor allem im gehobenen Eigentums-Segment investiert. Was fehlt bzw. in unzureichendem Ausmaß gebaut wird, sind billige Wohnungen für junge Einzel- und Familienhaushalte. Eine ähnliche Entwicklung gibt es in fast allen Großstädten der Welt, die einen Bauboom erleben, aber eben fast nur in den besseren Wohngegenden der Städte. Auf der Strecke bleiben die Viertel, in denen die weniger Begüterten leben, wo Bausubstanz und Neubauten deutlich unterrepräsentiert sind. Dem entgegenzuhalten mit einem Wohnbauprogramm für sozial Schwächere, das geringe Mieten garantiert, sollte eine der dringenden SPÖ-Forderungen sein. Man darf den Wohnungsbau nicht allein dem freien Markt überlassen. Dabei muss nicht unbedingt von der Gemeinde bzw. Stadt selbst gebaut werden. Staatliche Förderungen für alle Bauträger, die etwa 30 Prozent der Wohnungen eines Bauobjektes für Junge und sozial Schwächere mit einer Miete von minus 30 Prozent des durchschnittlichen Mietzinses in der jeweiligen Gemeinde garantieren, kann signifikantes Privatkapital für den Bau von Sozialwohnungen freisetzen.

## • ERHÖHUNG DER STAATLICHEN UNTERSTÜTZUNG FÜR ALLEINERZIEHENDE

Es ist statistisch erwiesen, dass insbesondere alleinerziehende Mütter um vieles stärker als andere in Gefahr geraten, unter die Armutsgrenze zu rutschen. Sei es, dass sie aufgrund fehlender Kindergartenplätze oder früher Schlusszeiten nur Teilzeit arbeiten können, oder sei es, dass sie im Alter aufgrund fehlender Beitragsjahre nur eine geringe Pension ausbezahlt bekommen. Ein spezielles staatlich gefördertes Unterstützungsprogramm für alleinerziehende Mütter ist aus meiner Sicht ein Gebot der Fairness.

## ● GEGEN EIN BEDINGUNGSLOSES GRUNDEINKOMMEN

Wenn es um die zukünftige Sozialpolitik geht, ist in den vergangenen Jahren immer öfter die Forderung nach einem bedingungslosen Grundeinkommen für alle im Gespräch. Viele Vertreterinnen und Vertreter der Linken, aber auch Politikerinnen und Politiker aus dem liberal-konservativen Lager stehen dieser Idee zumindest vorsichtig positiv gegenüber. Für viele – gerade innerhalb der Sozialdemokratie – stellt die Idee eines bedingungslosen Grundeinkommens eine soziale Schutzmaßnahme dar und erscheint deswegen auch politisch attraktiv. Ich bin jedoch der Überzeugung, dass dies der falsche Weg und in der Wirkung keineswegs sozial gerecht wäre. Ich beziehe mich diesbezüglich auf die Argumentation von Ian Goldin, Professor an der Universität Oxford, der seine negative Beurteilung mit fünf Überlegungen argumentiert.

Erstens wäre die Finanzierung eines Grundeinkommens für alle eine enorme Belastung für den Staatshaushalt und würde mit Sicherheit dazu führen, dass die notwendigen Investitionen in Bildung, Gesundheit und Sicherheit nicht oder nur teilweise umgesetzt werden könnten. Zweitens würde ein bedingungsloses Grundeinkommen zu einer höheren Ungleichheit führen, da in diesem Falle weniger finanzielle Ressourcen für die wirklich Bedürftigen zur Verfügung stünden. Drittens würde ein bedingungsloses Grundeinkommen Anreize schaffen, keiner Arbeit nachzugehen, was dem sozialen Klima abträglich wäre. Goldin spricht von der Gefahr eines „sozialen Verfalls“. Viertens unterminiert der Vorschlag die Bemühungen, Arbeitslosen wieder Anreize zu geben, in das Arbeitsleben reintegriert zu werden. Und fünftens verzögert dies die Etablierung neuer Ansätze zur Arbeitsorganisation wie Teilzeitarbeit, Heimarbeit und kürzere Wochenarbeitszeiten.

Vereinfacht gesagt: Was zunächst nach einer diskussionswürdigen sozialen Maßnahme aussieht, ist meiner Meinung nach ein politischer Irrweg, der das Gegenteil von sozial gerecht darstellt.

## 2. Die SPÖ steht im Kampf gegen den Klimawandel – gemeinsam mit den Grünen – an vorderster Front („Weil es um unsere Kinder geht.“)

Es ist unsere Pflicht, unseren Kindern einen lebenswerten Planeten zu hinterlassen. Keine noch so große wirtschaftliche Notlage kann eine Ausrede dafür sein, die notwendige Umwelt- und Klimaschutzpolitik aufzuschieben oder aufzuweichen. In dieser Frage kann es für keinen vernunftbegabten Menschen – und schon gar nicht für eine neue SPÖ – einen Kompromiss, ein Zögern geben. Die Ablehnung einer $CO_2$-Steuer mit dem Argument, dass man für die ländliche Bevölkerung bzw. die Pendler das Autofahren nicht verteuern darf, oder der Slogan „Klimapolitik braucht Hausverstand“ zeigen nur, dass noch immer viele Politikerinnen und Politiker – auch in der SPÖ – nicht erkannt haben, dass mit halbherzigen Maßnahmen alleine der Klimawandel nicht gestoppt werden kann. Das Ziel des Pariser Abkommens, die Erderwärmung auf maximal 1,5 Grad zu beschränken, ist in Gefahr, irrelevant zu werden. Ohne radikale Änderungen werden wir unseren Kindern und Enkelkindern eine Welt hinterlassen, in der die globale Erderwärmung um 5 Grad höher ist. Schon bei einer Erderwärmung um 2 Grad schätzt man, dass es 280 Millionen Flüchtlinge geben wird, die ihre Heimat verlassen werden, weil sie schlicht und einfach unbewohnbar sein wird.

### ● $CO_2$-ABGABE MIT SOZIALEM AUSGLEICH

Die wichtigste, wenn auch nicht die einzige Maßnahme im

Kampf gegen den Klimawandel ist eine signifikante Abgabe auf CO2, oder vereinfacht gesagt: eine CO2-Steuer. Schweden hat seit Einführung dieser Abgabe im Verbund mit anderen Maßnahmen die CO2-Emissionen um 26 Prozent gesenkt. Auch andere Länder wie die Schweiz haben ähnliche Maßnahmen wie den sogenannten Klimabonus eingeführt und erst in jüngster Zeit hat die niederländische Regierung unter Führung eines Liberalen einen Klimaplan gesetzlich beschlossen, der das Problem radikal in Angriff nimmt. Dass die SPÖ im Nationalratswahlkampf 2019 gegen die Einführung einer CO2-Steuer, die natürlich sozial abgefedert werden muss, eingetreten ist, ist mir sowohl inhaltlich als auch strategisch-taktisch unerklärlich. Selbst die CSU, mit der mich sonst kaum etwas verbindet, hat eine CO2-Abgabe in ihr Programm aufgenommen. Ob aus rein wahltaktischen Gründen oder aus Überzeugung, sei dahingestellt, ist aber auch unerheblich.

Mehr als dreitausend amerikanische Wissenschaftlerinnen und Wissenschaftler – darunter 27 Nobelpreisträger – haben erst im Frühjahr 2019 eine Petition unter dem Titel „Carbon Dividend“ unterzeichnet, die vier Grundforderungen beinhaltet: Erstens die Einführung einer kontinuierlich steigenden CO2-Besteuerung pro Tonne; zweitens eine Dividende, die von der Größenordnung den Einnahmen dieser CO2-Steuer entspricht und an die gesamte Bevölkerung in gleichem Ausmaß pro Kopf ausbezahlt wird; drittens ein Tarifsystem, das CO2-Importe und -Exporte regelt und viertens die Beseitigung unnotwendiger regulatorischer Bestimmungen, die die Erzeugung von CO2 fördern. Gleichzeitig haben demokratische US-Abgeordnete unter der Führung von Alexandria Ocasio-Cortez einen „New Green Deal“ gefordert, der das Ziel hat, bis 2030 hundert Prozent der in den USA nachgefragten Energie durch erneuerbare und emissionsfreie Energie sicherzustellen und alle Gebäude in den USA so aufzurüsten, dass maximale Energieeffizienz sichergestellt ist. Österreich hat sich das Ziel gesetzt, bis zum Jahre 2030 die Emissionen zu halbieren. Fakt ist, dass es eines der Länder in Europa ist, die nach wie vor jährlich Steigerungen ausweisen.

## ● VERBOT VON NICHT ABBAUBAREM PLASTIK

Dabei sollte die Halbierung der $CO_2$-Emissionen bis 2030 nur ein Teil eines effektiven Klima- und Umweltplanes sein. Die Tatsache, dass bereits in vielen Wassertieren wie Fischen und Krebstieren Nanoplastikteile nachweisbar sind, zeigt, dass es allerhöchste Zeit ist, die Verwendung von nicht weiterverwertbarem und nicht abbaubarem Plastik radikal einzuschränken und ab 2030 zu verbieten. Insbesondere die Getränke- sowie die Verpackungsindustrie sind aufgefordert, ihre Produktion umzustellen, um in Zukunft den heute erzeugten gigantischen Plastikmüll zu vermeiden und den Weg für eine Kreislaufwirtschaft zu ebnen. Um dieses Ziel zu erreichen, sind staatliche Vorgaben und Kontrollen unumgänglich. Dass dies keine utopische Forderung ist, zeigt das Beispiel der Firma Henkel, die sich zum Ziel gesetzt hat, bis 2025 die volle Recyclingfähigkeit aller Verpackungen zu erreichen.

## ● MASSIVE INVESTITIONEN UND FÖRDERUNG DES ÖFFENTLICHEN VERKEHRS

Andere Themen eines effektiven Klima- und Umweltplanes sind Aufforstungen und Begrünungen, wo immer dies möglich ist; die Förderung einer ökologisch ausgerichteten Landwirtschaft sowie massive Investitionen in den öffentlichen Verkehr, wobei dies insbesondere in den ländlichen Regionen Vorrang zu haben hat.

All diese Maßnahmen und noch vieles mehr müssen Bestandteile eines Klima- und Umweltplanes einer neu aufgestellten SPÖ sein. Denn wenn die SPÖ sich nicht in die erste Reihe des Kampfes gegen den Klimawandel stellt, wird sie – völlig zu Recht – keine Option für die Jugend bei künftigen Wahlgängen mehr sein.

## 3. Die SPÖ ist eine wirtschaftsfreundliche Partei („Weil man die Kuh, die man melken will, nicht schlachten soll.“)

„Die Kuh, die man melken will, soll man nicht schlachten“, war eine Aussage des legendären ÖGB-Präsidenten Anton Benya, und sie hat heute mehr denn je Gültigkeit. Die sozialdemokratische Wirtschaftspolitik seit Ende des Zweiten Weltkrieges war stets eine, die Wirtschaftswachstum *und* Sozialpolitik verbunden hat. Im vergangenen Jahrzehnt – zugegeben auch durch die Dominanz der Finanzwirtschaft und die dadurch bereits erwähnten Folgen – hat sich die SPÖ verstärkt auf die soziale Schutzfunktion zurückgezogen und ist vielfach auf Distanz zur Wirtschaft gegangen. Ich halte dies für einen Fehler. Die Herausforderungen der Zukunft werden nur gemeinsam mit der Wirtschaft, im Zusammenspiel zwischen Arbeitnehmern und Unternehmern gelöst werden können. Nicht zuletzt hat die Zusammenarbeit zwischen den Sozialpartnern wesentlich dazu beigetragen, dass in Österreich das Postulat einer sozialen Marktwirtschaft auch tatsächlich umgesetzt werden konnte. Für sozialen Ausgleich, für soziale Gerechtigkeit einzutreten heißt *nicht* im Gegenzug eine Anti-Wirtschaftspartei zu sein.

### ● LEISTUNG UND GERECHTIGKEIT

Der aus meiner Sicht erste Fehler war, sich den Begriff „Leistung“ von der ÖVP „wegnehmen“ zu lassen. Es war kein Zufall, sondern inhaltliche Überzeugung, dass Bruno Kreisky unter Mitarbeit von Hannes Androsch den entscheidenden

Programmparteitag der SPÖ vor ihrem historischen Wahlsieg 1970 unter dem Motto „Leistung, Aufstieg, Sicherheit" gestaltete. Heute gibt es kaum jemanden in Österreich, der die SPÖ mit dem Begriff „Leistung" in Verbindung bringt. Dies auch deswegen, weil sie sich in den vergangenen 20 Jahren nie als Partei für die „Leistungsträger" (mit Ausnahme der von Alfred Gusenbauer formulierten, aber nie konsequent kommunizierten Vision einer „solidarischen Hochleistungsgesellschaft") verstanden hat. Kaum jemand in der SPÖ hat dabei die Tatsache berücksichtigt, dass Gerechtigkeit und Leistung unmittelbar miteinander verbunden sind. Das Leistungsprinzip ist außerdem einer jener Faktoren, der die sozialdemokratische von der kommunistischen Ideologie unterscheidet. Wir Sozialdemokraten müssen nur den Begriff des Leistungsprinzips anders definieren als die Wirtschaftsliberalen, deren Definition eine einfache Gleichung ist: Wer ein hohes Einkommen hat, hat offenbar viel geleistet. Der sozialdemokratische Ansatz muss genau umgekehrt sein. Die Leistung ist das Ausschlaggebende – sie muss sich in einer entsprechenden Entlohnung niederschlagen. Das Ausmaß der Leistung kann eben gerade nicht unreflektiert aus der Entlohnung abgeleitet werden.

## ● DEREGULIERUNG DER WIRTSCHAFT

Es besteht aus meiner Sicht kein Zweifel darüber, dass eine erfolgreiche Wirtschaftspolitik – die letztlich auch den Arbeitnehmern zugutekommen soll und muss – auch die Interessen der Wirtschaft und Industrie berücksichtigen muss. Wobei sich der Handlungsspielraum in Österreich weniger auf die finanziellen Rahmenbedingungen beziehen sollte – ich bin nicht der Ansicht, dass eine geringere Unternehmensbesteuerung oberste Priorität haben sollte –, sondern auf die Abschaffung von unnotwendigen Vorschriften. Wer das Gewerberecht oder die Arbeitnehmerschutzbestimmungen durchforstet, wer mit kleinen Gewerbetreibenden spricht und von ihnen das Gebaren – oftmals auch die Willkür – der Bezirkshauptmannschaften und Magistratsabteilungen hört, der wird verstehen, was ich meine. Eine typische – aus meiner Sicht falsche – Grundhaltung der SPÖ war während der Diskussion zum Arbeitszeitflexibilisierung-Gesetz der ÖVP-FPÖ-Regierung erkennbar. Statt sich darauf zu fokussieren, dass heute als Überstunden definierte Arbeitszeiten auch weiterhin Überstunden bleiben sowie auf die Zustimmungspflicht der Betriebsräte zu drängen (bei Betrieben ohne Betriebsrat müsste als Äquivalent eine Mehrheit der Beschäftigten der geplanten Regelung zustimmen), hat man die Arbeitszeitflexibilisierung prinzipiell in Frage gestellt. Dies ist nicht nur weltfremd – eine Flexibilisierung der Arbeitszeit ist in einer digitalen Welt nicht aufzuhalten –, sondern nimmt auch nicht zur Kenntnis, dass es viele Arbeitnehmerinnen und Arbeitnehmer gibt, die flexible Arbeitszeiten wollen. Ich persönlich habe auch nie verstanden, was an den sogenannten „Ladenschlusszeiten", die in einer Allianz von Kirche, Gewerkschaften und Wirtschaftskammer jahrzehntelang aufrechterhalten worden sind, sozialdemokratisch sein soll. Es gibt kaum ein anderes Land, das diesbezüglich so restriktive gesetzliche Regelungen aufweist wie Österreich. Mein Standpunkt ist einfach: Solange die Freiwilligkeit gewährleistet ist, begrüße ich jede Maßnahme, die Arbeitsplätze schafft. Und signifikant längere Öffnungszeiten schaffen Arbeitsplätze. Nochmals: Die Schutzfunktion für die Arbeitnehmer in punkto maximale wöchentliche Arbeitszeit und Überstundenregelungen sowie die Garantie der Freiwilligkeit muss gewährleistet werden, aber dies sollte im Zusammenspiel zwischen Arbeiterkammer und Arbeitsgerichten keine Unmöglichkeit sein.

Insgesamt halte ich eine Neudefinition der Wirtschaftsorientierung der SPÖ für unumgänglich. Slogans wie „Menschen statt Konzerne“ bringen nicht nur keine Wählerstimmen, sie sind auch eine falsche Polarisierung.

Noch ein Wort zum Thema „Der Staat als Unternehmer“. Ich bin kein Anhänger eines weitverbreiteten staatlichen Unternehmertums. Im Gegenteil: Ich kenne wenig Firmen, die mehrheitlich in Staatsbesitz sind, ob in Österreich, Deutschland oder anderen westlichen Ländern, die wirtschaftlich effizient geführt sind. Insofern bin ich auch kein grundsätzlicher Gegner von Privatisierungen, solange sie nicht nationale Wirtschaftsinteressen oder die Infrastruktur betreffen, wie das zum Beispiel bei Schienen-, Straßen- und Stromnetzen der Fall ist. Mir ist zum Beispiel nicht klar, warum der Staat Anteile an der österreichischen Telekom oder an den österreichischen Casinos besitzen muss. Das hatte im Bereich der Telekomindustrie – historisch gesehen – sicher den Sinn, die Versorgungssicherheit zu gewährleisten, aber ist aufgrund der Konkurrenzlandschaft und der Technologieentwicklung nicht mehr notwendig. Wichtiger als Staatsanteile zu halten ist aus meiner Sicht dafür zu sorgen, dass für Kunden und Konsumenten die notwendige Vielfalt der Produkte und Dienstleistungen durch strikte Einhaltung der Antimonopolvorschriften zur Verfügung steht und in allen Industrien die Versorgung gesichert ist.

## 4. Die SPÖ ist – gemeinsam mit den NEOS – die Partei der Bildungsreformen („Weil es um die Zukunft unseres Landes geht.“)

Bildung für alle – unabhängig von Herkunft und sozialer Schicht – war stets eines der Grundsatzziele der SPÖ. Viele Studien weisen jedoch darauf hin, dass nach der Bildungsoffensive der Siebziger- und Achtzigerjahre des vergangenen

Jahrhunderts unser Bildungssystem in den vergangenen zwei Jahrzehnten mangels Investitionen und mangels weitreichender Reformen nicht nur ineffizienter, sondern auch weniger durchlässig geworden ist. Alle Expertinnen und Experten sind sich einig, dass die Zeit einer umfassenden Bildungsreform gekommen ist, einer Bildungsreform, die vom Kindergarten bis zur Hochschulpolitik reichen muss, wollen wir der nächsten Generation das notwendige Rüstzeug für die digitale Welt zur Verfügung stellen. In den vergangenen Jahren ist das Wort „Bildungsreform“ zumeist zu einer Diskussion über die Mindeststundenanzahl von Lehrenden sowie über die Frage, ob die Lehrerverwaltung beim Bund oder bei den Ländern angesiedelt werden soll, verkommen. Beide Diskussionen haben nichts, aber schon gar nichts mit einer echten Bildungsreform zu tun.

## ● GEMEINSAME SCHULE DER ZEHN- BIS VIERZEHNJÄHRIGEN

Seit vielen Jahrzehnten hat die SPÖ die gemeinsame Schule der Zehn- bis Vierzehnjährigen zum obersten Ziel der Bildungsreform erklärt und dabei auch – bewusst oder unbewusst – in Kauf genommen, dass viele andere Reformziele an den Rand der Diskussion gedrängt wurden. Auch wenn sich in Europa fast einhellig die Meinung durchgesetzt hat, dass eine vernünftige Differenzierung der „Bildungslaufbahn“ erst ab dem 14. und nicht schon ab dem 10. Lebensjahr erfolgen soll – die Ergebnisse der PISA-Studien zeigen den Erfolg einer späteren Differenzierung deutlich –, muss zur Kenntnis genommen werden, dass die Durchsetzung dieser Maßnahme von der ÖVP bis dato verhindert wurde. Und es deutet auch nichts darauf hin, dass sich deren Meinungsbildung rasch ändern wird. Aus meiner Sicht soll und muss die SPÖ weiter auf ihrer Forderung nach einer gemeinsamen Schule der Zehn- bis Vierzehnjährigen bestehen, aber sie soll sie nicht zum alleinigen Zentrum ihrer Bildungsüberlegungen machen. Vielmehr sind aus meiner Perspektive vor allem zwei Reformmaßnahmen dazu angetan, die Bildungschancen und den Bildungsstandard für *alle* Kinder und Jugendlichen zu erhöhen.

- **VERPFLICHTENDES ZWEITES KINDERGARTENJAHR**

Die Einführung des verpflichtenden zweiten Kindergartenjahres ist eine langjährige Forderung der großen Mehrheit der Pädogoginnen und Pädagogen. Alle Kinder – unabhängig von Herkunft, Geschlecht, Religion und sozialer Schicht der Eltern – gemeinsam auf die Schule vorzubereiten, ist eine pädagogische „No Brainer“-Entscheidung, für die sich die SPÖ mit voller Kraft einsetzen sollte.

- **EINFÜHRUNG VON GANZTAGSSCHULEN**

Ebenso verhält es sich mit der flächendeckenden Einführung der Ganztagsschule. Es kann doch nicht sein, dass mehrheitlich nur konfessionelle Schulen oder Privatschulen eine Ganztagesbetreuung anbieten. Die Ganztagsschule, die in fast allen europäischen Ländern längst Standard ist, nützt den Familien, erleichtert Frauen den Einstieg oder Wiedereinstieg in den Beruf, hilft der Integration von Kindern mit Migrationshintergrund und erhöht die Lernzeit und damit den Bildungsstandard.

## 5. Die SPÖ steht für Sicherheit und den Kampf gegen Kriminalität („Weil Freiheit ohne Sicherheit nicht funktionieren kann.“)

Sicherheit und die Frage der kulturellen Identität sind in der heutigen Zeit jene Themen, welche die meisten Emotionen auslösen, und zwar quer durch alle Gesellschaftsschichten. Die Sozialdemokratie hat sich in den vergangenen Jahren schwergetan, eine klare Antwort auf diese Frage zu geben. Selbst in den Jahren sozialdemokratischer Innenminister in den Neunzigerjahren – siehe die Beispiele Franz Löschnak und Karl Schlögl – waren der Kampf gegen Kriminalität und das Thema Migration oftmals Anlass für intensive innerparteiliche Auseinandersetzungen. Aber gerade die klare Beantwortung dieses Themenkomplexes ist Voraussetzung dafür, das Vertrauen in die Sozialdemokratie wieder zu stärken. Deswegen möchte ich hier den Versuch unternehmen, die Begriffe Heimat und Sicherheit sozialdemokratisch einzuordnen.

Heimat ist nicht nur ein geografischer Begriff. Er stiftet auch Identität. Er hat mit Werten zu tun, mit sozialen Werten wie Familie, Freunde und Gemeinschaft im besten Sinne des Wortes. Er ist im ländlichen Raum stärker im Bewusstsein der Menschen verankert als im städtischen. Jedenfalls sind Heimatliebe und Traditionsbewusstsein aus meiner Sicht nicht automatisch mit einer rückwärtsgewandten, Fortschritt und Öffnung negativ gegenüberstehenden Ideologie gleichzusetzen. Ja, es hat in der Geschichte stets Bewegungen gegeben – auch heute –, die diesen Begriffen eine reaktionäre Bedeutung im Sinne von Abschotten, Zurückdrehen und dem Aufbauen von Mauern gegeben haben. Aber das betrifft beileibe nicht alle Menschen, für die Tradition ein positiver Wert ist.

Zum Begriff Sicherheit muss sich die Sozialdemokratie ohne Wenn und Aber bekennen. Sicherheit ist ein grundlegender, nicht wegzudenkender Bestandteil jeder staatlichen Ordnung, auch einer sozialdemokratischen. Auch wenn jeder Mensch eine zweite Chance verdient hat, ist Verständnis für kriminelle Aktivitäten jedweder Art mit Sicherheit der falsche Weg der Problemlösung. Der Kampf gegen Kriminalität und der Kampf gegen die Ursachen der Kriminalität sind zwei Seiten derselben Medaille, die voneinander nicht zu trennen sind. Für eine Partei, die Verantwortung tragen möchte – egal ob in Gemeinde, Stadt, Land oder Bund –, muss der Kampf gegen Kriminalität eine Selbstverständlichkeit sein.

Yascha Mounk, ein junger deutsch-amerikanischer Historiker und Politikwissenschafter, schrieb in Bezug auf das Thema Kriminalitätsbekämpfung in unserem Nachbarland Folgendes: „Deutschland ist in der Zwischenzeit eine multiethnische Gesellschaft geworden. Gerade in einer multiethnischen Gesellschaft muss mit größerer Härte bestraft werden, um gegenseitigen Anfeindungen vorzubeugen. Das gilt für Flüchtlinge und genauso für ‚Biodeutsche', die kaum zur Rechenschaft gezogen werden, wenn sie Ausländer anpöbeln oder Brandsätze in Wohnheime werfen". Ähnliches könnte man auch für Österreich festhalten. Oder einfacher ausgedrückt: Je multikultureller eine Gesellschaft ist, desto mehr müssen Gesetze und Regeln eingehalten und im Falle ihrer Nichtbeachtung auch bestraft werden.

Um kein Missverständnis aufkommen zu lassen: Österreich ist in punkto Sicherheit nach wie vor ein Ausnahmeland. Es gibt wenige Länder weltweit, die derart sicher sind wie Österreich. Doch die subjektive Sicherheitslage – glaubt man den diesbezüglichen Studien – unterscheidet sich teilweise signifikant von den objektiven Sicherheitsstatistiken. Diesem subjektiven Gefühl der Bevölkerung ist von der Politik Rechnung zu tragen. Zwei Maßnahmen erscheinen mir diesbezüglich unumgänglich zu sein. Erstens die Erhöhung der Anzahl der Polizisten, vor allem um im täglichen Erscheinungsbild stärker als bisher präsent sein zu können, und zweitens eine wenn möglich flächendeckende Videoüberwachung des öffentlichen Raumes. Beides würde aus meiner Sicht das subjektive Sicherheitsbefinden großer Teile der Bevölkerung erhöhen.

Zusammenfassend gesagt: Die SPÖ braucht keine „Law and Order“-Ideologie anzunehmen, aber gerade ihre eigene Klientel erwartet von ihr ein klares Bekenntnis zu Sicherheit und Kriminalitätsbekämpfung.

## 6. Es ist eine Neudefinition der Staatsaufgaben und auch der Staatsausgaben erforderlich („Weil Zustimmung zum Staat die Voraussetzung für Zustimmung zur Demokratie ist.“)

Schon 1978 stellte Heinz Fischer in dem Buch *Rote Markierungen 1980* die Frage: „Haben wir zu viel Staat?“ Das Thema, wie der Staat aus sozialdemokratischer Sicht definiert werden soll, welche Aufgaben ihm übertragen werden sollten und welche nicht, ist aktueller denn je, wobei ich die Frage heute anders als damals stellen würde: „Haben wir den richtigen Staat?“ ist aus meiner Perspektive die heute zutreffendere Formulierung. Stellen die definierten Staatsaufgaben – und noch viel mehr: die vorhandenen Staatsausgaben – die richtigen Prioritäten für das 21. Jahrhundert dar?

Meine Antwort darauf ist ein klares „Nein“. Es ist für mich unbestritten, dass wir in vielerlei Hinsicht einen zum Teil völlig ineffizienten Staat haben. Hand aufs Herz: Gerade in Österreich gibt es noch mehr als genug Kontrollsucht. Und es gibt viel zu viele Doppel- oder Dreigleisigkeiten, gleich vier Verwaltungseinheiten für bald 9 Millionen Einwohner. Oft wird verwaltet nach dem Prinzip: „Es ist alles verboten, was nicht extra erlaubt ist.“ Ein besseres Prinzip wäre: „Es ist alles erlaubt, was nicht sinnvollerweise verboten ist.“ Auf der einen Seite behindern Doppelgleisigkeiten Fortschritt, Wandel und Unternehmertum, engen den Einzelnen mit Vorschriften ein und binden enorme unproduktive Ressourcen. Auf der anderen Seite stehen für wesentliche Funktionen des Staates – Gesundheitssystem, Bildung, Infrastruktur, Sicherheit und soziale Umverteilung – zu wenig Ressourcen zur Verfügung.

Was ist also der „richtige" Staat? Welche Aufgaben, welche Funktionen hat er im 21. Jahrhundert im Angesicht von Globalisierung und Digitalisierung? Aus meiner Perspektive hat der Staat aus sozialdemokratischer Sicht drei Aufgaben, drei zentrale Funktionen auszuüben.

Erstens die Schutzfunktion gegenüber den sozial Schwächeren, wie bereits ausführlich ausgeführt.

Die zweite Aufgabe liegt in der Regulierung und Kontrolle der Einhaltung der gesetzlichen und gesellschaftlichen Regeln. Dies betrifft den Bereich Sicherheit – nicht umsonst hat in den westlichen Demokratien der Staat das Gewaltmonopol – genauso wie den Bereich der Wirtschaft im Sinne der Kontrolle der bestehenden Gesetze und der Regulierung neuer Technologien und Entwicklungen. Und genau dieser Funktion ist in den vergangenen Jahrzehnten in den westlichen Demokratien nicht mit der notwendigen Umsicht nachgegangen worden. Die Finanzkrise war Ausdruck eines simplen Versagens dieser Kontrollfunktion und zwar ausgehend von der Ideologie, dass der Markt alles selbst regeln könne. Helmut Schmidt hat dies 2005 in einem *Profil*-Interview geschichtlich folgendermaßen eingeordnet: „Im 19. Jahrhundert sind nach und nach Regeln für den internationalen Seeverkehr entstanden. In der zweiten Hälfte des 20. Jahrhunderts hat man Regeln für den internationalen Luftverkehr entwickelt. Nun geht es um ein Regelwerk für den internationalen Kapitalverkehr." Es ist für mich auch keine Frage, dass der digitale Kapitalismus neue Regeln und Regulative benötigt, die politisch festgelegt werden müssen. Insbesondere gilt es dem „The Winner takes it all"-Prinzip der New Economy entgegenzutreten. Der Kampf gegen die zunehmenden globalen Monopolisierungstendenzen ist ebenso ein sozialdemokratisches Anliegen wie die Frage, wem die Konsumentendaten gehören, und das Postulat, dass Konzerne überall dort Steuern zahlen, wo sie Geschäfte tätigen.

Die dritte zentrale Funktion des Staates ist für mich seine Aufgabe, in jene Bereiche zu investieren, die für die Zukunft des Landes, für die Sicherheit der Bevölkerung und für den sozialen Ausgleich von allergrößter Bedeutung sind. Ich nenne dies den „Investitionsauftrag" des Staates. Er betrifft all jene Bereiche, die ich zuvor als politisches Forderungsprogramm skizziert habe: massive Investitionen in Bildung, Gesundheits- und Sozialwesen, Wohnbauprogramm, öffentlicher Verkehr, Sicherheitsmaßnahmen und Wirtschaftsförderung.

Es wird jedem mathematisch nur halbwegs affinen Menschen klar sein, dass die Finanzierung dieser Forderungen nur dann möglich sein wird, wenn es im Staatshaushalt sowohl einnahmen- wie auch ausgabenseitig zu massiven Umschichtungen kommt. Einnahmenseitig ist zuallererst dafür zu sorgen, dass der Kampf gegen die Steuerhinterziehung erfolgreich geführt wird. Dies gilt insbesondere auch für die Schließung der Steuerschlupflöcher für internationale Großkonzerne. „The ease with which multinationals seem able to avoid taxes and the three-decade-long decline in corporate tax rates compromise faith in the fairness of the international system", schrieb die damalige Präsidentin des Internationalen Währungsfonds Christine Lagarde. Und weiter: „What are the options to fix the system? Here are two ideas under discussion. First, to create minimum tax-schemes. (...) Second, to create a system that fully taxes routine profits on basic activities in the country in which they take place (...)."[8] Die großen internationalen Techkonzerne sind mit einer – wenn notwendig auch im Alleingang umzusetzenden – Digitalsteuer zu konfrontieren. Es ist unumgänglich, eine Finanztransaktionssteuer – von vielen Regierungen auch als wirtschaftliche Regulierungsmaßnahme empfohlen – nach vielen Jahren der Diskussion nun endlich einzuführen. Beide Maßnahmen, verbunden mit dem Prinzip der nationalen Besteuerung, wie Lagarde es im Einklang mit vielen anderen Finanzexperten vorschlägt, würden erhebliche Zusatzeinnahmen für den Staat bedeuten.

Dies kann jedoch nur die eine Seite der Medaille sein. Die Sozialdemokratie muss mit derselben Vehemenz für einen schlanken, aber starken Staat eintreten, der die ihm zur Verfügung stehenden Mittel effizient und transparent einsetzt. Deutlicher formuliert: Ich bin felsenfest davon überzeugt, dass mit einer echten Verwaltungsreform mittel- und langfristig ein Milliardenbetrag an Effizienz gehoben werden könnte, der zur Finanzierung der genannten Aufgaben unbedingt erforderlich ist. Dazu gehört auch die Notwendigkeit einer echten Staatsreform, da vier Verwaltungsebenen in einem Staat mit bald 9 Millionen Einwohnern nicht die optimale Mittelverwendung darstellen. Dass in Österreich in punkto Verwaltungsreform bis dato fast ausschließlich nur geredet, aber kaum etwas umgesetzt wurde, zeigt die Geschichte der Verwaltungsreform der vergangenen 20 Jahre. Von dem 120-Seiten-Bericht der Gruppe Verwaltungsreform im Jahre 2001 wurde mit Ausnahme der Abschaffung des Rattengesetzes nichts umgesetzt. Gleiches gilt für die Verwaltungsreform des Österreich-Konvents im Jahre 2003: 1128 Seiten mit Reform- und Einsparungsideen blieben Papier. Der ehemalige Rechnungshofpräsident Franz Fiedler ist der felsenfesten Überzeugung, dass im Wirrwarr und in der Verwaltungsüberlappung zwischen Ländern und Bund 3 Milliarden Euro versickern. Auch im Sozialbereich sollten wir – vorsichtig – den Grundsatz überdenken, dass alle Sozialleistungen für jede Bürgerin und jeden Bürger gleich sein müssen. Ich kann mir durchaus vorstellen, dass gewisse Sozialleistungen, wie etwa Familienbeihilfen, nur für wirklich Bedürftige vorgesehen sind.

Erst wenn all diese Maßnahmen umgesetzt sind und noch immer ein maßgeblicher Anteil zur Finanzierung der Zukunftsaufgaben des Staates fehlt – was zugegebenermaßen höchst wahrscheinlich ist –, sollte und müsste über zusätzliche steuerliche Maßnahmen diskutiert werden. Um nicht missverstanden zu werden: Ein sozial gerechtes Steuersystem, das progressiv gestaltet ist und den Wohlhabenderen in der Gesellschaft einen stärkeren Beitrag zum Gemeinwohl als bisher abverlangt, sollte eine Selbstverständlichkeit in einer echten sozialen Marktwirtschaft sein. Auch der Einführung einer Erbschaftssteuer – die in den meisten Ländern Europas und auch in den USA Bestandteil des allgemeinen Steueraufkommens ist – stehe ich hinsichtlich Leistungsgerechtigkeit grundsätzlich positiv gegenüber. Aber im Gleichklang sollte sichergestellt sein, dass das Steuergeld so effizient wie möglich verwaltet wird, was heute mit Sicherheit nicht der Fall ist.

## JA ZUM WANDEL UND MIT OPTIMISMUS IN DIE ZUKUNFT („YES, WE CAN ...")

Schon August Bebel sagte: „Nichts ist ewig, weder in der Natur noch im Menschenleben, ewig ist nur der Wechsel, die Veränderung." Gewiss: Wir sehen uns vielen gewaltigen Herausforderungen gegenüber, vom politischen Islam bis zum Klimawandel, von Fake News bis zur neuen Macht Chinas, von der nach wie vor ungelösten Nahostfrage bis zum Wiederaufleben des Ost-West-Konflikts, von der schwindenden moralischen Autorität des Westens bis zur wachsenden Ungleichheit. Vor allem stehen wir mit der Digitalisierung am Beginn einer neuen Revolution, die mit Artificial Intelligence, dem Internet der Dinge, Virtual und Augmented Reality unser Leben und unsere Arbeitswelt radikal verändern wird. Eine Revolution, die Hand in Hand mit der Globalisierung stattfindet und diese unumkehrbar macht.

Viele in den sozialdemokratischen Parteien sehen diese Entwicklung mit großer Sorge. Ich gehöre zu jenen, die große Chancen darin sehen.

Zugegeben: Viele der Veränderungen, die die Digitalisierung mit sich bringen wird, schaffen Probleme. Viele der heutigen Regulative werden hinfällig, die staatlichen Finanzierungssysteme werden einer Erneuerung bedürfen und die Arbeit wird anders verteilt werden müssen. Aber wie bei jeder technologischen Erneuerung in der Geschichte der Menschheit können auch die Rahmenbedingungen der Digitalisierung so gestaltet werden, dass sie eine Verbesserung der Lebensbedingungen der Bevölkerung mit sich bringen. Dies ist möglich! Neben einem erstklassigen Bildungssystem sind jedoch zwei andere Voraussetzungen notwendig: Erstens der politische Wille den Wandel selbst und aktiv zu gestalten und zweitens der Optimismus, diesen Wandel auch positiv umsetzen zu können.

Die Sozialdemokratie im Allgemeinen und die SPÖ im Konkreten sind schlecht beraten, sich in die Reihe jener einzureihen, die einem latenten Zukunftspessimismus frönen. Im Gegenteil: Die SPÖ muss wieder Selbstbewusstsein ausstrahlen und mit einer Portion Optimismus die Zukunft gestalten wollen. Will sie Wahlen gewinnen, muss sie die Debatte über die Zukunft führen. Denn den Wettlauf um das Gestern gewinnen immer die Gestrigen.

Für viele Menschen – und darin sehe ich eine der Hauptursachen der Wahlniederlagen der SPÖ in den letzten Jahren – steht die Partei heute als Vertreterin des Status quo. „Nur keine Veränderungen, es könnte ja schlechter kommen“ ist der Hintergrund vieler politischer Positionierungen, die letztlich aus einem latenten Zukunftspessimismus rühren.

Dabei verkennt man, dass der Großteil der Bevölkerung instinktiv weiß, dass sich mit den technologischen und wirtschaftlichen Veränderungen auch die gesellschaftlichen Ordnungsrichtlinien ändern müssen. Es ist für mich bezeichnend, dass Sebastian Kurz 2017 mit seinem Motto „Es ist Zeit, neue Wege zu gehen" bei einem Großteil der Bevölkerung – laut Umfragen stimmten mehr als 60 Prozent der Befragten diesem Satz zu – den Nagel auf den Kopf getroffen hat, während die SPÖ für das genaue Gegenteil stand.

## DIE SOZIALDEMOKRATIE HAT ZUKUNFT

Ich bin überzeugt davon, dass die Sozialdemokratie mehr als jede andere politische Bewegung das Rüstzeug in Form ihrer Programmatik besitzt, um die gesellschaftlichen Probleme der Zukunft zu meistern. Mit den Werten der Sozialdemokratie, mit einem Mehr an Gerechtigkeit, einem Mehr an Solidarität und einem Mehr an Gleichheit ist der digitale Kapitalismus zähmbar, die Rettung des Planeten möglich und die Organisation von menschlichen Arbeits- und Lebensbedingungen im digitalen Zeitalter machbar. Kurzum: eine gerechtere Gesellschaft erreichbar. Und nichts weniger als das ist die Aufgabe der Sozialdemokratie im 21. Jahrhundert. Schließlich geht es um unsere Kinder und Enkelkinder.

[8] „Die Leichtigkeit, mit der multinationale Konzerne in der Lage zu sein scheinen, Steuern zu vermeiden, und der seit drei Jahrzehnten anhaltende Rückgang der Unternehmenssteuersätze erschüttern das Vertrauen in die Fairness des internationalen Systems", schrieb die damalige Präsidentin des Internationalen Währungsfonds Christine Lagarde, die mit November 2019 Präsidentin der Europäischen Zentralbank werden sollte. Und weiter: „Welche Optionen haben wir, dieses System zu reparieren? Hier stehen zwei Ideen zur Diskussion. Erstens, Mindeststeuersätze einzuführen. (…) Zweitens, ein System zu erschaffen, das die laufenden Profite aus den regulären wirtschaftlichen Aktivitäten in dem Land voll besteuert, in dem diese stattfinden (…)."

# NACHWORT

**WER KÖNNTE** besser geeignet sein, ein Buch über Zustand und Zukunft der Sozialdemokratie zu liefern, als Gerhard Zeiler: Er hat die Entwicklung der SPÖ als Pressesprecher der Kanzler Sinowatz und Vranitzky jahrelang aus nächster Nähe verfolgt, dann als Medienmanager nationale und internationale Spitzenkarriere gemacht, ohne deswegen seine „Erdung" zu verlieren: Gerhard Zeiler, politisch sozialisiert in einer echten „Basissektion" der SPÖ Ottakring, zweimal Spitzenmanager des ORF, Chef des größten deutschsprachigen Privatsenders RTL, Präsident der Turner-Gruppe (unter anderem CNN), heute Vertriebschef von Time Warner, des zweitgrößten Kommunikationskonzerns der Welt, nach wie vor seiner geografischen und gesinnungsmäßigen Heimat verbunden.

Er liefert in diesem Buch eine nachdenkliche Sicht der aktuellen sozialdemokratischen Probleme aus der Nahtstelle zwischen Politik und Medien, fernab von Beschönigung und Resignation. Geschrieben wurde es zwischen Wien und Salzburg, London, New York und Los Angeles, genährt von zusätzlichen Erfahrungen in Lateinamerika und Asien. In zehn mehrstündigen Gesprächen konnte ich mit Gerhard seine Thesen journalistisch „abklopfen", wobei der Löwenanteil dieser Zusammenarbeit ihm gebührt: Zeiler war nämlich selbst gelernter Journalist, ehe er Pressesprecher zweier Kanzler und dann Medienmanager wurde. Es hat unserer Zusammenarbeit sicher nicht geschadet, dass wir seit Jugendtagen freundschaftlich und später auch beruflich verbunden waren und sind.

Den letzten Schliff lieferte er mir und den Verantwortlichen des Verlags während mehrerer Transatlantikflüge – Motto: Laptop statt Bettruhe. Da konnte ich mich davon überzeugen, dass er eine grundsätzliche Eigenschaft nicht verlernt hat, die ihn schon am Beginn seines (und unseres) jugendbewegten und beruflichen Weges ausgezeichnet hatte: professionelle Disziplin und emotionales Engagement. So sehr es ihn auch umhertreibt in der Welt: Zeiler hat nie das Interesse an Österreich und der Sozialdemokratie verloren. Sein Buch, endgültig fertiggestellt in den zwei Tagen nach der Wahl vom 29. September 2019, soll ein Weckruf und ein Orientierungspunkt werden.

**PETER PELINKA**

ENDE SEPTEMBER 2019

Liebe Leserin, lieber Leser,
hat Ihnen dieses Buch gefallen? Wollen Sie weitere Informationen zum Thema? Möchten Sie mit den Autoren in Kontakt treten? Wir freuen uns auf Austausch und Anregung!
E-Mail: leserbrief@brandstaetterverlag.com

Christian Brandstätter Verlag GmbH & Co KG
Wickenburggasse 26, 1080 Wien
E-Mail: leserbrief@brandstaetterverlag.com
Tel: (+43) (0)1 512 15 43-256

Wir sagen Danke. Bleiben wir in Verbindung!

Lassen Sie sich inspirieren! Gute Geschichten, schöne Geschenkideen auf
www.brandstaetterverlag.com

2. Auflage 2019


Design und Satz: Peter Manfredini
Lektorat: Teresa Profanter
Projektleitung Brandstätter Verlag: Julia Herrele

Designed in Austria, printed in the EU.
ISBN 978-3-7106-0386-0

… UND DARAUF, DASS JEDE ZEIT EIGENE ANTWORTEN WILL.

WILLY BRANDT